LA GUIDA COMPLETA AI PASTORI AUSTRALIANI

Scopri e impara i migliori consigli e Trucchi che ti insegneranno tutto sull'allenamento, l'alimentazione, la ricerca, la socializzazione e la cura del tuo amato cucciolo

Di

Anderson Kane

Introduzione

L'Australian Shepherd, considerato adorabilmente come "Aussie", è veramente un cane incredibilmente intelligente, estremamente eccitato e amante dei cani che continuerebbe a trovare qualcosa da fare tutto il tempo. Hanno bisogno di molto allenamento fisico e certamente si integrerebbero bene in una famiglia attiva.

Sono allevati per fare il branco in modo selettivo e potrebbero voler radunare qualsiasi cosa, come gli scoiattoli intorno alla casa, i polli e persino gli esseri umani. Ci sono anche forti qualità difensive per i pastori australiani, e gli piace stare sempre vicino ai loro proprietari.

Gli Aussies, precedentemente allevati come cani da fattoria multiuso, finivano per essere lasciati a sorvegliare i bambini mentre i genitori erano impegnati nei campi. Sono fantastici con i bambini, tranne che per i saltuari colpetti ai loro piedi per metterli in riga. Sono molto ottimisti, assertivi e molto territoriali e possono essere ingannevoli.

I pastori australiani sono molto protettivi nei confronti della famiglia e della casa e sono anche sospettosi delle altre persone.

Hanno bisogno di molto movimento e rinforzo sociale, o continueranno a sviluppare problemi comportamentali.

Se vi capita di essere interessati ad un cane di famiglia con un punto focale a tempo pieno, pieno di vitalità ed esigente del vostro affetto, forse un Aussie può essere per voi. Possono essere di buon carattere e profondamente devoti, desiderosi di compiacere. Dovranno essere in cima alla lista degli obiettivi, però.

Il temperamento del pastore australiano - non per tutti

Il temperamento del pastore australiano è il tema più discusso. Ciò che è positivo o negativo sembra variare per ogni persona e per ogni allevatore di cani. È abbastanza normale che il tuo Aussie diventi riservato con altre persone e non si "trucchi" immediatamente con tutti quelli che incontra.

Timido o cauto, riservato non deve essere impropriamente inteso! L'Aussie veramente riservato è padrone di sé e sicuro di sé, non timoroso e insicuro. Di solito è attento a ciò che lo circonda, prudente, e sempre un ottimo giudice del carattere, perché può essere distaccato.

Un cane appositamente allevato per proteggere gli animali e il suo padrone proteggerà anche la sua famiglia e la sua casa. Mentre queste sono di solito azioni accettabili, mentre sta crescendo, deve interagire con nuove entità e contattare quante più situazioni diverse possibili.

L'aggressività è un comportamento insoddisfacente quando si tratta di persone o di bestiame. Per il suo benessere fisico ed emotivo, la compagnia umana è importante. Relegarlo con così poca interazione umana nel tuo cortile potrebbe avere conseguenze spiacevoli. Può aiutare a renderlo fiducioso e ben adattato coinvolgendolo in quanti più eventi familiari possibili.

Addestrare il tuo pastore australiano da cucciolo

Per quanto riguarda l'addestramento del tuo pastore australiano, sono la razza perfetta. I pastori australiani si comportano bene, come la palla volante, l'agilità e l'addestramento intensivo di obbedienza canina, in una miriade di eventi sportivi canini e attività di formazione.

Il tempo del tuo Aussie dedicato all'insegnamento è tempo speso saggiamente. Nel corso dell'intero approccio di addestramento, stabilirai e rafforzerai un'amicizia del tutto forte con il tuo cane. Gli Aussies sono studenti estremamente pronti e capaci che reagiscono meglio a metodi di addestramento costruttivi e basati su ricompense, come l'istruzione con il clicker per cani.

In realtà non avrai bisogno di punizioni o correzioni severe quando addestri il tuo Aussie. Con l'avanzare dell'età, gli Aussies possono diventare una sfida, in particolare durante la pubertà, e possono richiedere qualche restrizione nell'applicazione delle leggi. È possibile superare questo periodo di rivolta adolescenziale molto rapidamente per coloro che hanno impostato i blocchi di costruzione e dimostrato fin dall'inizio che tu sei il leader del branco.

Allena il tuo pastore australiano come cucciolo

Nel complesso, l'Australian Shepherd è una razza di cani sana ed equilibrata. Come tutte le razze, tuttavia, ci sono problemi di salute specifici che appaiono più spesso nei pastori australiani.

Anche se la maggior parte di essi sono ereditari e possono essere minimizzati per mezzo di pratiche di allevamento corrette e comprando il vostro Aussie da un allevatore di cani professionale, le informazioni e i consigli del vostro veterinario potrebbero essere supportati da quelli con motivi patogeni o dietetici.

Pastori australiani - In chiusura

Se sei un individuo attivo alla ricerca di un cucciolo intelligente che desidera lavorare sodo per impressionarti, allora un

Australian Shepherd potrebbe essere il cucciolo adatto alle tue esigenze. La razza richiede lavoro e addestramento per formare un cane equilibrato e ben educato. Tuttavia, il duro lavoro ne vale molto più che la pena.

È importante iniziare con il piede giusto ogni volta che si cerca di prendere una buona decisione. Lo stesso vale quando si tratta di trovare un allevatore di pastori australiani "Aussie". Tutti gli amanti e gli appassionati di cani sanno quanto siano grandi gli Aussies e come possederne uno possa essere un'esperienza gratificante a seconda delle scelte. Per cominciare, si dovrebbe sapere come riconoscere un autentico allevatore di Aussie da un fornitore che è solo dopo i soldi della gente. Un vero allevatore di pastori australiani deve essere impegnato nella razza e avere una reale preoccupazione per i cani che offre. Si capisce subito quando un allevatore indaga sulla tua situazione a casa o se sei addirittura qualificato per possedere un pastore australiano.

Come persona che vuole avere l'animale giusto per la sua famiglia, devi seguire alcuni consigli per trovare il giusto allevatore di Australian Shepherd.

A. Un buon allevatore di pastori australiani "Aussie" normalmente chiede un sacco di formalità per garantire che si sta ottenendo la scelta più sicura quando si tratta di animali domestici e, allo stesso tempo, garantire il benessere dei cani. Sono dei veri amanti dei cani che non cercano solo i soldi che possono guadagnare, ma anche il tipo di casa che offrono ai cani che vendono. Contrariamente a quello che credono gli altri, i contratti e i moduli sono a beneficio dei clienti e non solo dei venditori.

B.   Si può capire dal passaparola che un allevatore di pastori australiani è un buon allevatore. Altrimenti, potresti aver bisogno di guardare i loro registri, certificazioni, accreditamenti e referenze. Il loro numero di anni di esperienza nell'allevamento di cani è anche uno dei fattori importanti.

C.   Tutto dovrebbe essere trasparente, compresi i registri, i problemi comportamentali e i risultati dei test sui cani. Altrimenti, devi capire se un certo allevatore sta tramando qualcosa. Scopri quanto più possibile su una certa opzione prima di prendere una decisione definitiva.

D.   Generalmente, un buon allevatore sarebbe disposto a riprendersi il cane gratuitamente se si scopre qualcosa di sbagliato o se si sono prese le decisioni sbagliate.

E.   Ogni volta che fai domande, saprai se un allevatore di pastori australiani ha successo o meno. Un buon allevatore va al di là di una buona conversazione di vendita, ma unisce comunque le esperienze personali... Dovrebbe essere in grado di rispondere in modo approfondito a tutte le tue domande. Prima di tutto, per quanto riguarda le sfide e le insidie di possedere un Aussie, dovrebbe essere abbastanza franco.

F.   Evita gli allevatori che ti costringono a prendere decisioni affrettate. La fretta non è una buona idea quando si sceglie un animale domestico, perché può influenzare la tua famiglia più di quanto tu possa immaginare. Scegli un allevatore che sia disposto a prendersi il suo tempo per spiegare e soppesare ogni opzione in modo che tu possa prendere le decisioni migliori.

In generale, se riesci a trovare un allevatore che è anche un amante dei cani come te, sarà più facile costruire un rapporto. Trovare allevatori di pastori australiani può essere un bel compito, ma le cose possono essere molto gratificanti con le giuste mosse e decisioni.

Capitolo 1: Informazioni The australian shepherd

L'Australian Shepherd è una razza da pastore di medie dimensioni. Nei panni, i maschi sono da 20 a 23 pollici, con le femmine 2 pollici più piccole. A seconda della sua razza, questo cane pesa tra 40 e 65 libbre. E un sottopelo spesso, l'Australian Shepherd ha un cappotto moderatamente lungo. Si possono selezionare diverse tonalità, tra cui blu merle, rosso merle, nero merle e rosso merle. Gli occhi del cane possono essere ambrati, blu o marroni. Naturalmente, la coda è sempre corta ma è spesso attraccata. L'Australian Shepherd dura da 12 a 15 anni. Il Blue Heeler, il California Shepherd e il Bobtail sono talvolta chiamati Australian Shepherd.

Storia: Stranamente, l'Australian Shepherd non è nato in Australia, considerando il suo nome. Da qualche parte vicino alla Spagna e alla Francia, ha i suoi inizi nei Pirenei. Allevato dai baschi, quando emigrarono in Australia, il cane andò con i suoi genitori. I baschi si trasferirono di nuovo, questa volta negli Stati Uniti, durante il 1800, e adottarono la razza qui. Qui, con i Collie, è stato allevato lo stock di base per creare il cane che conosciamo oggi.

Temperamento: L'Australian Shepherd è un cane entusiasta e giocoso che ama legare con la sua famiglia umana. È fantastico con i bambini e ama giocare con loro attivamente. Il pastore è intelligente, come la maggior parte dei cani da lavoro, e veloce da addestrare. Questo cane ha un forte appetito per l'energia e deve essere dato un sacco di esercizi. Si è sviluppato come un cane da lavoro, e se gli venisse assegnato un qualsiasi "compito", sarebbe più felice, anche se quel compito è correre accanto a una bicicletta o praticare l'agilità.

Problemi di salute: Con l'Australian Shepherd, una condizione di salute molto particolare riguarda l'accoppiamento con due cani merle. Nella prole, questo incrocio provocherà anche sordità o cecità. Per trovare un compagno adatto per il cane merle, bisogna fare attenzione. Se i cani bob-tail vengono accoppiati con cani bob-tail, si verificheranno gravi complicazioni alla spina dorsale. Anche il pastore può soffrire di cataratta. In questa razza, possono verificarsi anche displasia dell'anca e ipotiroidismo.

Toelettatura: Il pastore australiano non ha bisogno di un'accurata toelettatura quotidiana, nonostante il suo pelo molto lungo. Il mantello può essere mantenuto in forma ragionevole con una pulizia occasionale. L'unica eccezione è quando il sottopelo viene sparso. Il cane deve essere pettinato o lavato in questo momento per rimuovere il pelo ruvido. Le orecchie devono essere tenute lavate e asciutte e si deve fare attenzione alle zecche e alle pulci se il cane ha vagato in zone spazzolate.

Condizioni di vita: Mentre l'Australian Shepherd ama stare con i suoi proprietari, non è un cane ideale per vivere in un appartamento, è troppo occupato all'interno. Diventerebbe ripetitivo e dannoso se lasciato in una situazione confinata. L'addestratore perfetto per questo cane è una famiglia impegnata che ama i giochi e gli eventi ricreativi. Nelle fattorie o nei ranch dove è possibile utilizzare il suo istinto di difesa e di pastore, il Pastore se la cava molto bene. Questo cane può stare all'aperto, ma è meglio tenerlo vicino perché interagisce strettamente con i suoi compagni umani.

Un cane americano (non australiano) le cui origini risalgono al 1840, durante l'epoca della corsa all'oro, è l'Australian Shepherd, conosciuto anche come Aussie. Questi saggi e splendidi cani hanno molto da godere. Continuando a leggere, scoprirete esattamente perché!

In origine, gli Australian Shepherd venivano allevati per pascolare le pecore. Al giorno d'oggi, anche se questa potrebbe non essere la loro professione principale, hanno anche la mentalità dominante. Questo rende molto difficile insegnare loro e, in cambio, non è bello possedere un cane per chiunque sia giovane. Quando si insegna loro, bisogna essere forti e ottimisti e ricordare loro chi è il capo!

In media, al fianco, una donna è alta tra i 18 e i 21 pollici, mentre un centro commerciale pesa tra i 20 e i 23 pollici. Le femmine pesano tra le 40 e le 55 libbre in entrambe le zone, mentre i maschi pesano tra le 50 e le 65 libbre.

Gli Aussies sono cani molto energici e devono fare esercizio regolarmente. Idealmente, se non avete un cortile spazioso in cui farli correre, non avete uno di questi cuccioli. Gli esperti suggeriscono almeno da 30 a 45 minuti di esercizio calmante al giorno; potresti lanciare una palla o un frisbee con loro in modo che tirino fuori l'eccitazione. Per uscire dal vostro cortile, faranno di tutto per radunare le pecore al suo interno, quindi assicuratevi di avere un recinto sicuro! Hanno ancora la tendenza (come istinto) a pizzicare, quindi il corso di obbedienza potrebbe essere in futuro! Possono essere ottimi animali da compagnia per la famiglia, in particolare con i più piccoli, finché le loro maniere non sono in ordine!

Non è pericoloso per tutti gli Aussies, anche se sono vulnerabili ad alcuni problemi di salute. Allergie e distichiasi sono preoccupazioni meno gravi per questa razza, mentre displasia dell'anca, cancro, sordità ed epilessia sono problemi più seri.

Quando emergono, è importante essere preparati, finanziariamente ed emotivamente, per queste sfide.

Può essere difficile prendersi cura dei pastori australiani. Hanno bisogno di essere strigliati regolarmente, poiché perdono il pelo nel corso dell'anno. D'altra parte, la loro coperta resistente all'acqua li protegge da tutti i pericoli del tempo, dalla pioggia alla neve. È fondamentale dare loro una spazzolata decente almeno una volta alla settimana.

Ora sai di più sul Pastore d'Australia. Speriamo che tu possa trovare utile questa conoscenza.

I pastori australiani - un po' più lunghi che alti - sono cani vigorosi, ben proporzionati e di campagna. Circa la stessa lunghezza sono le loro teste un po' arcuate e i loro musi di media lunghezza. Possono avere forme a mandorla arancioni, blu o ambrate. Le loro orecchie sono triangolari e poste in alto, e hanno code lisce e naturalmente corte.

I pastori australiani sono cani giocosi, obbedienti, teneri e premurosi. Sono anche considerati i migliori cani del mondo canino per la pastorizia. I pastori australiani, avendo buone capacità difensive, sono eccellenti cani da guardia. Non fanno molto rumore, ma probabilmente abbaiano se individuano una minaccia, ed è per questo che sono ottimi compagni.

Gli Aussies possono essere un meraviglioso animale domestico in casa, e sono intelligenti. Gli Aussies possono fornire allenamenti quotidiani ed energici, come l'esercizio fisico in un parco per cani o il gioco del frisbee, se la famiglia può avere tempo. Poiché si sentono soli quando gli Aussies vengono lasciati soli per lunghi periodi di tempo, contribuendo ad alcuni problemi comportamentali. E se state facendo solo un po' di lavoro in giardino o attività di caccia, vogliono stare con voi. Possono diventare scavatori di buche se diventano impazienti, o masticano qualcosa che vedono. Gli Aussies vogliono sentirsi come se una famiglia facesse parte di loro.

Tranne che nei loro giorni da adulti, gli Australian Shepherd rimangono come cuccioli. Lo stadio di cucciolo, non lo superano mai. Gli Aussies sono amici fedeli, leali e guardiani perché sono protettivi, naturalmente. Sono facili da addestrare e sono molto intelligenti. Mentre quando si tratta di animali sono violenti, sono gentili con gli amici umani.

Se volete avere degli Aussies come animale domestico, dovete comprarli da cuccioli e non da adulti. I vantaggi di adottarli come animale domestico sono che saranno allevati in modo accettabile e confortevole per le persone che vivono con loro. Come una cuccia o una cassa, il cucciolo di Aussie deve avere il suo posto. Ci possono essere anche alcune cose per tenerlo occupato quando si sveglia, come giocattoli o una coperta di notte. Questo aiuterà ad allontanarlo dai mobili e ad eliminare la sua capacità di conquista.

Per quanto riguarda la vita in appartamento, gli Australian Shepherd non sono raccomandati. Sono moderatamente attivi e si annoiano rapidamente, e questo può incoraggiarli a diventare distruttivi. Per mantenersi in forma, fisicamente ed emotivamente, questo cane vivace richiede molti esercizi. Pochi pastori australiani conservano buoni geni per i cani da lavoro. Questo li rende più entusiasti di essere sul campo e meno entusiasti di uscire con la famiglia. Gli Aussies sono più propensi ad affollare gli individui e a mordere i talloni per far andare tutti, ma queste stranezze possono essere risolte con una buona preparazione.

Hanno il potenziale per compiacere il loro padrone e sono molto esperti, motivo per cui eccellono in diversi casi. Ci sono alcune caratteristiche dei Pastori d'Australia. Possono essere allarmi antidroga, cani da esposizione, cani guida per ciechi, cani da ascolto per sordi o anche un cane da ricerca e salvataggio.

I pastori australiani sono meravigliosi collaboratori e parenti. Dovrebbero essere rispettati e trattati bene da noi.

Cani leali e amabili

Negli ultimi anni, gli Australian Shepherd sono diventati una razza molto popolare negli Stati Uniti. Questo non solo perché sono attraenti, ma anche intelligenti, obbedienti, leali e atletici. Collocati nel giusto ambiente e con un adeguato esercizio e addestramento, questi cani sono eccellenti animali domestici e compagni ideali. I pastori australiani standard pesano da 15 a 30 chili e crescono fino a 45-58 cm di altezza.

I pastori australiani sono stati allevati per essere eccellenti nella pastorizia, e questo istinto è molto forte in questa razza oggi. Tuttavia, questo eccellente talento può essere un problema quando questo cane è un animale domestico o un compagno di famiglia. A meno che l'addestramento non venga iniziato molto presto, questo cane può facilmente radunare, inseguire o guidare qualsiasi cosa si muova, compresi bovini, pecore, gatti e bambini. Possono anche uccidere il bestiame. L'addestramento e un buon esercizio fisico eviteranno che il cane si annoi e si metta nei guai.

Anche se i pastori australiani sono leali e fantastici con i bambini, devono essere addestrati correttamente. Cercano naturalmente di dominare e addestra il tuo Aussie per assicurarti che il tuo cane rispetti ogni membro della famiglia, specialmente i bambini.

I pastori australiani sono ottimi cani da guardia. Non solo sono pastori, ma istintivamente proteggono il gregge. Un cane da compagnia abbaierà quando un estraneo si avvicina alla porta di casa o ai vostri bambini. Socializzare il cane aiuterà anche il cane a riconoscere il pericolo reale ed evitare l'abbaiare inutile o inappropriato.

Se non sono adeguatamente impegnati, questi cani sono intelligenti e si annoiano e trovano modi creativi per intrattenersi. Questo spesso li mette nei guai. Dai al tuo Aussie un compito quotidiano come raccogliere il giornale o la posta al mattino. Inoltre, sfida il tuo cane coinvolgendolo in un buon sport attivo come gli allenamenti di agilità, il frisbee e il flyball. Inoltre, puoi migliorare il rapporto cane-padrone con l'addestramento all'obbedienza.

Ci sono quattro colori principali: nero, blu merle, rosso e rosso merlo. Il colore degli occhi può variare dal nero scuro all'ambra a un blu ghiaccio molto pallido. Oggi gli Australian Shepherd sono ovunque. Non sono solo buoni animali domestici e compagni, ma sono molto competitivi. Vincono regolarmente gare di herding, agility, obedience, flyball e tracking. Vincono anche gare di conferma e di stile libero. Amano le escursioni e il backpacking. Correranno anche al tuo fianco mentre fai jogging e gli piace nuotare. Sono anche eccellenti cani guida.

Prima di comprare un pastore australiano, bisogna sapere che questi cani perdono il pelo. Questo è inevitabile. Per ridurre questo problema, è necessario spazzolare accuratamente il cane una volta al giorno. Alcuni proprietari passano l'aspirapolvere ogni giorno o addirittura comprano tappeti di colore corrispondente. Questa razza di cani perde pelo tutto l'anno, ma ne perde di più in primavera e in autunno.

Per qualsiasi motivo tu stia acquistando un pastore australiano, assicurati di fare i tuoi compiti. In questo modo, sarete abbinati ad un cane sano con il giusto temperamento per voi e la vostra famiglia. Il resto dipende da te. Con il giusto addestramento, la socializzazione e l'esercizio, avrete un cane devoto, obbediente, protettivo e leale per il resto della sua vita. Tutto l'amore e l'attenzione che darete a questa razza vi saranno restituiti decuplicati.

Descrizione generale

L'Australian Shepherd o Australischer Schaferhund è un cane di taglia media, ben equilibrato, con le orecchie poste in alto su entrambi i lati della testa di forma triangolare con una punta arrotondata. La razza sfoggia un mantello di media consistenza chiamato Aussie in Australia, che può essere ondulato o liscio con una lunghezza moderata con un sottopelo e resistente alla temperatura. L'Aussie ha anche una pelliccia spessa e dritta all'esterno delle orecchie e della testa. Anche le zampe anteriori del cane e sotto i garretti possono essere ricondotte alla stessa carnagione di pelliccia, sebbene la parte posteriore delle zampe anteriori sia leggermente piumata. La criniera e i fronzoli dei cani maschi sono più prominenti di quelli delle femmine, con un bobtail attraccata e liscia.

Secondo gli standard dell'AKC, la coda di un pastore australiano non deve superare i quattro pollici, e quelli con la coda lunga sono di solito attraccati. Di solito, il corpo dell'Aussie è moderatamente più lungo della sua altezza al garrese. Il petto è profondo piuttosto che largo, con il punto più basso del petto che raggiunge il gomito del cane. Le zampe anteriori sono dritte ed erette al suolo con piedi ovali e a maglia intrecciata con dita ben piegate. Le unghie anteriori del cane sono occasionalmente rimosse mentre quelle posteriori sono sempre rimosse. La dimensione della testa deve essere proporzionata al corpo e il muso uguale o leggermente più corto del cranio posteriore del cane. Il suo stop è ben definito e i denti formano un morso a forbice o a livello. Gli occhi sono di solito ovali e di medie dimensioni con sfumature di blu, marrone, ambra, o la sua combinazione, compresa la marmorizzazione e le macchie. I pastori australiani di solito differiscono nei colori del mantello, con le solite tonalità come nero, blu merle, fegato o rosso merle, e rosso solido e in alcune occasioni con marcature bianche e tan.

Temperamento

Gli Aussies sono di solito amichevoli e alla mano e possono andare d'accordo con i bambini che amano giocare con loro o intorno a loro. Gli Aussies sono anche il perfetto cane da guardia, e possono essere fedeli e custodire una dimora con tutta la loro attenzione che può portarli ad essere iperprotettivi ad un certo punto. Indicando che i cani sono i migliori amici dell'uomo, gli Aussies sono un primo esempio poiché sono leali, affettuosi e attenti. I pastori australiani hanno anche questa nozione di sapere cosa vuole il loro padrone e sono anche una di quelle razze che fa tutto per compiacere i loro proprietari. Anche se sono gentili con gli esseri umani, tendono ad essere feroci e aggressivi, soprattutto se esposti al bestiame. Sono costruiti per essere atleti naturali, e raramente vedrete un pastore australiano che se ne sta sdraiato tutto il giorno senza fare niente.

Per i proprietari impegnati e in movimento, gli Aussies non sono difficili da vivere e normalmente hanno bisogno di una passeggiata di quindici minuti al giorno per occuparli in quanto tendono anche ad essere distruttivi e nervosi, soprattutto se lasciati soli. Inoltre, lasciateli socializzare con altri umani e cani per abituarli, specialmente quando avete molti visitatori che entrano ed escono dalla vostra casa o appartamento. Inoltre, gli Aussies sono anche facili da insegnare e sono una delle razze di cani più adattabili. Alcuni comportamenti, come l'aggressività e il nervosismo, possono essere facilmente superati con un adeguato addestramento e supervisione.

Problemi di salute

Fattori di cecità/sordità sono di solito comuni negli incroci merle/merle e dovrebbero essere considerati per controllare la condizione dell'udito dei cuccioli merle. I bobtail di allevamento naturale sono anche suscettibili di disturbi alla colonna vertebrale. CEA e cataratta sono anche alcune malattie portate dagli Aussies. Altre preoccupazioni includono la dermatite solare nasale, la sindrome di Pelger - Huet, la CHD e il coloboma dell'iride. Altri possono suggerire epilessia, PRA, distichiasi, sindrome lombosacrale, tra gli altri.

Condizioni di vita ed esercizio fisico

Gli Aussies sono meglio tenuti in una casa spaziosa con un cortile adeguato. Anche in questo caso, gli Aussies tendono ad essere super attivi, e si consiglia ai proprietari di portare a spasso il cane ogni giorno, alternando passeggiate veloci e jogging moderato. Una parola di cautela: l'esercizio eccessivo di un pastore australiano lo renderà anche aggressivo.

Durata della vita e dimensioni della cucciolata

Gli Australian Shepherd di solito vivono fino a 12 - 15 anni e possono produrre 6 - 9 cuccioli.

Capitolo 2: Scegliere un pastore australiano

Non è sempre una decisione semplice per un potenziale proprietario scegliere un pastore australiano femmina o maschio. Quando si sceglie quale genere si adatta bene alla propria famiglia, ci sono diverse considerazioni da fare.

Scegliere un cane maschio o femmina è la scelta più difficile da fare quando si sceglie un Aussie. Molti nuovi acquirenti hanno già deciso quale sesso vogliono. In generale, gli individui chiederanno un certo sesso; alcuni individui, tuttavia, sono ancora incerti.

Ci sono variazioni riproduttive da prendere in considerazione quando si decide per un Aussie maschio o femmina. Le femmine della razza possono dare alla luce la prole e andare in stagione circa ogni sei mesi. I maschi della razza possono ingravidare le femmine e possono farlo in qualsiasi momento.

Ci sono distinzioni significative tra i maschi e le femmine, l'altezza del cane è un unico. In generale, i maschi sono più pesanti delle femmine della razza. I maschi di Australian Shepherd pesano in media circa 50-65 libbre e sono lunghi 20-23 pollici. La femmina Australian Shepherd è molto più piccola e ha un'altezza complessiva di 18-21 pollici e pesa circa 35-45 libbre.

Ci sono anche variazioni nelle caratteristiche di personalità degli Aussie femmina e maschio. Le femmine della razza sembrano avere un carattere più riservato. Allo stesso tempo, i maschi della razza sono più estroversi e tendono ad essere un po' più testardi e ostinati. Qualunque sia il sesso scelto, avere un pastore australiano è una meravigliosa aggiunta alla vostra famiglia.

Molti Aussies là fuori sono stati ceduti per un motivo o un altro e tuttavia sono cani meravigliosi e amorevoli. Per molti potenziali proprietari di pastori australiani, adottare un cane da soccorso può essere un'esperienza enormemente gratificante. Invece di acquistare un cucciolo, si può scegliere di dare una casa ad un Aussie che è stato salvato.

Gli australiani sono molto buoni con le persone e i bambini, e questo vale anche per gli australiani salvati. Questi cani sono noti per la loro intelligenza e agilità, e questi tratti sono spesso in mostra nei cani salvati. In genere, i gruppi di salvataggio locali sono organizzazioni senza scopo di lucro composte da volontari dedicati alla razza e si preoccupano profondamente per i pastori australiani che stanno cercando di salvare. Questi gruppi spesso prendono gli Aussies dai rifugi e li mettono in case di accoglienza mentre i cani aspettano di essere adottati. Mentre alcuni dei cani salvati sono stati presi da rifugi e canili, altri sono consegnati ai gruppi di salvataggio dai loro proprietari. Va notato che la maggior parte dei gruppi non accetta cani che si comportano male.

Quindi, se siete interessati ad adottare un Aussie, la vostra prima tappa dovrebbe essere quella di individuare il gruppo di salvataggio di pastori australiani più vicino. Molte città e stati hanno questi gruppi, e una rapida ricerca sul web probabilmente vi indirizzerà nella giusta direzione. Vi sarà probabilmente richiesto di compilare un modulo di domanda per il gruppo. Meno specifico è il tipo di Aussie che volete, più velocemente otterrete un cane. Per quelli che hanno requisiti specifici di taglia e colore, potrebbero dover aspettare un po' di più prima di poter ottenere un cane. La maggior parte di questi cani sono offerti in base all'ordine di arrivo. Tuttavia, i volontari del gruppo di salvataggio saranno probabilmente molto particolari nell'abbinare il cane giusto con un potenziale proprietario.

Prima di prenderti il cane che desideri, dovrai farti molte domande per evitare di scegliere il tipo sbagliato. Più giovane è il cane, più è probabile che dovrete prepararvi a dargli un buon addestramento. Devi essere certo di avere il tempo per addestrare un cucciolo per evitare che sviluppi abitudini indesiderate. Gli Aussies sono cani molto intelligenti e, se vengono addestrati correttamente, diventeranno un cane ben educato. Tuttavia, gli Aussies hanno anche un istinto da pastore interno che in genere deve essere affrontato presto, in modo che non stiano costantemente a rosicchiare i talloni di chi gli sta intorno.

Un'altra domanda che devi porti è se sei disposto a iniziare a socializzare con il cane quando è ancora un cucciolo. Gli Aussies sono estremamente protettivi e potrebbero essere una sfida per coloro che non si prendono il tempo di capirli correttamente. Questi cani possono essere molto protettivi, facendoli non permettere agli estranei di avvicinarsi ai loro padroni. Tuttavia, se si può dare a un Aussie adottato l'addestramento adeguato, possono essere amici affettuosi e piacevoli per tutta la vita.

Ci sono ancora alcuni problemi da affrontare quando si cerca quale razza di cane scegliere per la propria famiglia. I primi cani da pastore australiano che abbiamo avuto in casa nostra sono Jesse e Harley, che sono fratello e sorella, e devo ammettere che sono molto affascinato da questa razza di cane.

L'ho messo nel lavandino del bagno quando Harley era un cucciolo e aveva masticato la sua pallina squillante fino a ridurla in uno straccio, per metterlo temporaneamente fuori dalla portata e poterlo buttare via. Non volevo vedere la gomma allentata incastrata nella sua gola. Harley era riuscita a strisciare sul lato dei mobili del bagno e stava gioiosamente in piedi nel lavandino, raccogliendo il suo giocattolo! Ho sentito un rumore stridente dietro di me.

Proprio in quel momento, ho capito che non si trattava di una razza di cane normale! Non abbiamo una mandria di bestiame e abbiamo solo un grande cortile recintato in cui possono oziare e scatenarsi, ma un sacco di ozio nei parchi per cani e lunghe passeggiate nei boschi sono un must per mantenere questi Aussies felici. Per la scuola di agilità, i pastori australiani sono anche cani eccellenti. Per il loro atletismo, le corse veloci sono ottime.

Penso che siano energici, super intelligenti, giocosi, dolci con i bambini, e una delle cose che apprezzo è che sono una razza non vagante. Sono così intelligenti per quanto riguarda l'insegnamento che non ci vuole molto perché capiscano quello che voglio fargli imparare. Un atteggiamento morbido e ottimista è il taglio che uso per l'insegnamento. Sono facili da capire con la ripetizione.

Per esempio, se durante le nostre passeggiate, Jesse rotola in qualcosa di grossolano o si sporca giocando nella piccola barca per bambini che teniamo piena d'acqua in estate, tutto quello che devo fare è chiedergli di entrare nella piscina e mostrargli cosa intendo. Sa come entrare in casa e saltare per una breve doccia nella vasca da bagno. I miei cani precedenti erano un labrador giallo e un pastore tedesco, e non avevo mai avuto un cane che entrasse nella doccia così velocemente come faceva Jesse.

In conclusione, vorrei sottolineare a tutti coloro che contemplano questa razza perché hanno bisogno di un sacco di allenamenti (non necessariamente faticosi), di cose divertenti da fare, e di rimanere vicini alla loro famiglia. In continuo contatto con il loro "gregge", che include i loro parenti umani, sono i più felici. Vogliono assicurarsi che tutti vadano d'accordo anche in famiglia. Harley può emettere un basso ringhio se sente che il gioco è troppo rude (tra altri cani o individui). Quando pensa che uno di loro venga maltrattato o preso di mira, è un'esperta nel dividere i cani che sono troppo chiassosi tra loro.

Tutto sommato, per la famiglia giusta, consiglio vivamente questa razza. Non sarà l'ideale per un piccolo appartamento, ma avrà bisogno di spazio e di una famiglia coinvolta per far emergere la sua personalità e la sua sconfinata creatività.

Non c'è dubbio che la linea di allevamento arricchita appartiene al Pastore Australiano. I pastori australiani sono intelligenti e adorabili. In passato erano utilizzati per fornire ai pastori la scorta per affrontare gli animali da pastore. Pertanto, sono fieri e valorosi. Sono stati separati dagli altri animali per questo tipo di spavalderia. Tuttavia, per fare una scelta adeguata, bisogna seguire queste regole prima di acquistare pastori australiani.

Prima di tutto, si dovrebbe pensare intensamente a ciò per cui i pastori australiani saranno acquistati. Se qualcuno vuole tenere bene la traccia del bestiame e altri animali da pascolo nei pascoli o nei ranch, dovrebbe essere audace e risoluto. Devono avere coraggio e resistenza per controllare gli animali da pascolo. Devono anche essere aggressivi. Tuttavia, se qualcuno vuole tenere pastori australiani per qualche scopo domestico, deve optare per quei pastori australiani che non sono troppo aggressivi o testardi. La loro natura alacre è davvero attraente e una questione di eccitazione per coloro che amano i cani da compagnia.

Prima di comprare pastori australiani, c'è un altro aspetto significativo da considerare. L'addestramento dei pastori è piuttosto urgente. In modo scientifico, bisogna insegnare loro che devono esprimere assoluta fiducia e fedeltà ai padroni che li useranno in diversi aspetti. Si devono attuare programmi di socializzazione per renderli socievoli e rispettosi in modo che un malinteso o un'altra rottura della pace sia meno possibile. D'altra parte, dato che sono molto frustrati e abbattuti senza alcun lavoro durante le ore di svago, si dovrebbe forzare i Pastori Australiani all'azione. Per fare pratica, dovrebbero essere portati in parchi giochi o parchi. Per renderli risoluti e concentrati, l'esercizio è un elemento molto vitale. È una grande gioia che la loro mentalità di alacrità e frivolezza infantile li stimoli a fare un sacco di lavoro duro facilmente e con molta considerazione.

Questo tipo di durezza è l'istinto innato radicato in loro quando conoscono molto bene la condizione dura e impegnativa. A questo proposito, per ottenere un sacco di conoscenze sulla loro disposizione e temperamento, si può navigare in rete o prendere l'aiuto di alcuni governanti esperti che sono molto qualificati ed efficaci per governare e addestrare perfettamente i pastori australiani. Nell'addestramento o nella toelettatura, si dovrebbero avere alcune semplici abilità che renderanno i pastori australiani obbedienti e socievoli.

Benefici del pastore australiano

Dentro solo U, il tuo peculiare pastore guadagna le sue radici speciali. S'ha scoperto che durante tutto il XIX secolo è stato prodotto. Il luogo in cui l'"australiano" ha avuto inizio non è chiaro. Il tuo Pastore Inglese, il Dorset Sparkling Orange Shag, il Cumberland Sheepdog, lo Scottish Collie, il Glenwherry Collie, il Bouvier des Flandres, e il Welsh Sheepdog mi hanno parlato di varianti utili per trovare il vero Pastore Locale. Il Regno Unito e la Scozia sono partiti da molti dei cani che avrebbero stabilito questa razza unica di cane. Molti di questi cani lavorano normalmente in film nazionali, all'interno di rodei, e quindi in spettacoli televisivi alla ricerca del successivo Globe Infirmary. Inoltre, si sono evoluti per diventare partner molto apprezzati per la raccolta e il ranching.

Temperamento del pastore australiano

L'Australian Shepherd è una razza estremamente leale ed è stato persino utilizzato come cane da guardia. Questo tipo di riproduzione è estremamente intelligente e un gioco da ragazzi. Inoltre, possono facilmente raccogliere ulteriori talenti, e quindi non sono ideali per persone con zero esperienza precedente di possesso di cani. Gli individui che amano questo tipo di cani hanno bisogno di essere trattati organicamente in modo che i loro cagnolini possano scoprire un comportamento corretto. Un altro cane molto coraggioso, rilassato e vigile, sicuro di sé, se non intenso, è forse l'unico Pastore Australiano.

Tuttavia, saranno un po' sospettosi nei confronti delle altre persone. Ci si aspetta che questi tipi di cani siano molto rilassati con i membri della loro famiglia; tuttavia, queste persone devono essere eventualmente consegnate a persone che non capiscono. In genere, questi tipi di cani sono sicuri di andare d'accordo e tutto prima che ci sia una base per una persona di essere preoccupata. Tuttavia, questa particolare razza di cane diventerà ruvida da sola, così come un po' non cooperativa.

Interesse del pastore australiano

Gli Australian Shepherd sono normalmente cani normali o grandi, che uccidono, e possono non essere ben adattati ai sintomi di allergia degli individui. Questa particolare forma deve essere lavata settimanalmente utilizzando un tress aziendale; ricordatevi di spazzare, così come ogni 6-8 settimane, un lavaggio approfondito sarebbe raccomandato. Inoltre, si consiglia che alcuni tipi di cani siano normalmente spazzolati fino a quando non possono essere lavati per rimuovere più tappeti di allenamento. Di solito, dopo che questi tipi di cani vengono puliti direttamente, hanno bisogno di asciugarsi prima di essere completamente asciutti. Nel caso in cui i loro strati continuino ad essere tempestosi, si possono presentare problemi di tono della pelle.

Addestramento del pastore australiano

Si propone che la maggior parte di questi cani in genere inizi l'addestramento in un'età incredibilmente precoce. Le tecniche di preparazione ispiratrici devono essere applicate ad un piano quadrato. Questi cani potrebbero anche essere meglio in un nuovo mondo naturale impegnato, sano e sano e uguale insegnamento. Questi tipi di variabili possono essere molto individuale, insieme con altamente orientato verso la direzione di sé stessi, contro i loro particolari pro. Australian Shepherd è una salvaguardia naturale insieme a nessuna ulteriore formazione sulla stabilità è probabile che sia necessario. Questi tipi di cani possono avere l'addestramento di obbedienza del cucciolo di cane in un'età molto precoce quando con i loro programmi, possono eseguire tutto ciò che hanno scoperto prima del tempo. Il tuo attuale pastore internazionale deve ancora essere socializzato, anche se normalmente sono cresciuti molto lentamente.

Problemi di salute del pastore australiano

Cataratta, Anomalia della Visione Collie, problemi autoimmuni e displasia alla moda sono alcuni dei principali problemi di salute che questo tipo di tipo presenta. Questi cani possono anche essere inclini ad alcuni disturbi della vista innati, come il coloboma dell'occhio, il coloboma dell'iride, la cataratta di pubertà e maturità e la retina staccata. L'ivermectina, che viene utilizzata nei farmaci per vermi del cuore, può essere molto ricettiva al vero pastore hawaiano.

Capitolo 3: Preparare la tua casa per il tuo pastore australiano

Prima di adottare un pastore australiano, ci sono alcuni aspetti da tenere in considerazione. Non bisogna prendere alla leggera per determinare se questa razza è adatta alla tua famiglia o al tuo stile di vita. Prima di portarlo a casa, è incredibilmente importante essere adeguatamente addestrati e informati su questa razza.

Questa razza è estremamente attiva, competitiva, altamente intellettuale e solitaria, e richiede una quantità eccessiva di dedizione al proprietario in termini di tempo e di dovere. Se siete limitati a qualcosa di simile, allora questa razza non fa per voi. La ricompensa complessiva sarà gratificante per esaminare i tratti di questo cane, il comportamento psicologico, e imparare come interagire efficacemente con loro. L'idea è che se metti il tuo cane con altre persone e animali domestici, le razze di cuccioli di pastore sarebbero pura gioia di avere come membro della famiglia, attivo, ben socializzato e ben educato.

L'Australian Shepherd si adatta bene ad un proprietario attivo ed energico o alla famiglia nella vita e darà loro una direzione solida. Non sono per proprietari di cani per la prima volta o alle

---

prime armi. L'esperienza è fondamentale perché sarebbero una vera e propria peste senza una buona conoscenza della psicologia e della comunicazione del pastore.

Sono cani molto esigenti, e come cani da lavoro, punzecchiando, gridando, dando gomitate e pizzicando, il che può entrare in conflitto con la normale vita familiare, hanno l'istinto di radunare le cose. Eppure molti di questi problemi comportamentali possono essere minimizzati con la giusta istruzione. Nelle loro famiglie, gli Australian Shepherd sono molto affettuosi e legano molto bene con i loro genitori.

Sono inclini ad avere disturbi di separazione proprio come i bambini, angoscianti per il cane e il proprietario. Per essere un proprietario accettabile, dovrai passare molto tempo con loro; non amano stare a casa per più di un paio d'ore. Non sono il tipo di cane che puoi lasciare fuori; tendono a stare sempre con i loro genitori. Si creerà un gran caos se si lavora tutto il giorno e lo si lascia da solo in giardino.

Quindi, se avete la mentalità giusta per addestrare, guidare, passare il tempo con loro per gran parte di ogni giorno e mantenere la determinazione necessaria per possedere un pastore australiano, allora averne uno come parte della vostra famiglia gli darebbe la stabilità, la fiducia e l'affetto aggiuntivi di cui hanno bisogno per avere una vita felice e sicura.

Mentre la maggior parte delle persone esita a causa di alcuni problemi noti, si può beneficiare molto scegliendo mini-pastore australiano dai rifugi per animali. Gli svantaggi possono essere eliminati se si considerano i fattori importanti. Prima di tutto, è necessario avere la mentalità giusta e le giuste ragioni per prendere un cane come prossimo animale domestico. Rendetevi conto che questa non è una semplice decisione di una persona, ma deve essere fatta in base alle esigenze e alle situazioni della vostra famiglia.

Possedere un Aussie può influenzare il vostro stile di vita quotidiano e la situazione in casa. Pertanto, è importante conoscere tutte le cose sulla razza che state considerando assicurandovi di essere in grado di allevarla e gestirla. Gli Aussies sono fantastici come animali domestici, ma bisogna fare attente considerazioni perché le decisioni sbagliate possono dare un sacco di mal di testa e frustrazioni. Ricordate che la loro stessa natura li rende a volte dominanti, quindi potreste dover implementare alcune tecniche di addestramento per ottenere il loro rispetto e lealtà. Questi cani sono stati originariamente destinati alla pastorizia, dove si suppone che controllino gli animali più grandi. Con un addestramento adeguato, possono essere obbedienti, leali e laboriosi.

I pastori australiani in miniatura o mini-aussie appartengono a una razza di cani talentuosi e sorprendenti sviluppati principalmente per la pastorizia. Ora si possono trovare molti di loro a svolgere compiti che li rendono più popolari per diventare uno dei cani preferiti dell'America. Se stai pensando di possedere un cane della razza Aussie, ci sono diverse opzioni che dovresti conoscere prima. Normalmente, puoi scegliere se prendere un Aussie standard o un mini Pastore Australiano, che non è più alto di 18 pollici. Tuttavia, a seconda del loro significato o sfondo, si può scegliere tra una grande varietà di colori, e si può scegliere tra lo stile da esposizione e la forma di lavoro. Quando si tratta del metodo di acquisizione di un mini-Aussie, si può acquistare da un allevatore puro, o si può cercare l'aiuto di rifugi per animali e gruppi di salvataggio che offrono pastori mini-australiani.

Prima di prendere una decisione importante sui pastori mini-australiani da adottare, sappiate tutto sui mini-aussie, dal loro background ai loro comportamenti. È anche necessario controllare come dovrebbe essere un mini-Aussie di qualità. Tutti i fattori dipendono dal fornitore giusto, quindi vorresti anche assicurarti di avere a che fare con buoni rifugi e gruppi di salvataggio. Ma normalmente, i volontari che dedicano parte del loro tempo alla cura, alla toelettatura e al salvataggio degli Aussies smarriti sono in grado di fornire animali che sono molto qualificati per diventare animali domestici. In ogni caso, è comunque importante controllare tutti i dettagli e i precedenti prima di decidere. Non vorresti un cane con problemi medici e comportamentali, specialmente se hai dei bambini in casa.

Quando si considerano i pastori australiani mini dai rifugi per animali, bisogna essere completamente preparati a dedicare tempo e dedizione nella scelta di quello giusto. Altrimenti, l'intera esperienza diventa meno gratificante e può persino portare a frustrazioni.

L'adozione dei cani può essere semplice o complicata, a seconda del tipo di rifugio con cui si ha a che fare. Potrebbe essere necessario conoscere le qualifiche di un potenziale proprietario, dato che questi rifugi per animali non daranno i loro cani a qualcuno che non può allevarli. Per questo devi anche preparare la tua casa e la tua famiglia se vuoi che l'adozione sia un successo.

Ma perché le persone passano attraverso un sacco di problemi per ottenere un Toy Australian Shepherds in adozione? È perché l'esperienza offerta dal possedere un Toy Aussie è impagabile. Questi adorabili cani possono alleviare le vostre preoccupazioni quotidiane, rendervi fisicamente attivi e mettere un sorriso sul vostro viso ogni giorno.

Uno dei modi migliori per far sì che il crescente numero di animali indesiderati diventi parte della soluzione è quello di adottare un animale domestico. Ora puoi trovare rifugi per animali e gruppi di salvataggio che offrono Aussies in adozione. A parte l'opportunità di ottenere un buon animale domestico, considerando Pastori australiani giocattolo per l'adozione può dare la possibilità di fare una buona azione per la comunità. Anche se è meraviglioso avere cani straordinari e di talento, l'esperienza diventa più gratificante attraverso l'adozione.

Ci sono molte ragioni per adottare un Toy Aussie. Per cominciare, questi animali possono essere incredibili e utili, soprattutto se li allevi in modo adeguato. Appartengono a un gruppo di cani da lavoro che sono molto intelligenti, obbedienti e flessibili. Questo significa che potete svilupparli per renderli utili per numerosi compiti. Anche se non è facile trovare cuccioli nei rifugi per animali e nei gruppi di salvataggio, è possibile averne uno già addestrato e sviluppato dai loro precedenti proprietari.

Molti esitano a considerare i Pastori Australiani Giocattolo per l'adozione a causa dell'impressione sbagliata sui problemi comportamentali. Ma gli animali collocati nei rifugi per animali hanno i loro casi, e molti di quei precedenti proprietari hanno abbandonato i loro animali a causa di alcuni validi motivi. La maggior parte di loro ha bisogno di trasferirsi in un altro posto dove gli animali non sono ammessi. Altri non possono sostenere i bisogni dei cani per motivi finanziari. Anche se ci sono cani da rifugio che subiscono maltrattamenti, i buoni rifugi per animali sono in grado di risolvere i problemi comportamentali in vista dell'adozione.

Per essere al sicuro, bisogna essere abbastanza preparati e informati quando si tratta di Pastori australiani giocattolo per l'adozione. Sapere cosa aspettarsi fa parte dell'essere preparati. Sapere tutto su una certa razza prima dell'acquisto. In questo caso del Toy Aussie, è il tipo che può gestire animali più grandi poiché è stato originariamente destinato alla pastorizia. Inoltre, ci si può aspettare che sia attivo, laborioso e dominante. Può sembrare di dimensioni limitate, ma possiede tutte le caratteristiche tipiche dell'Aussie. Questo perché i Pastori Australiani Giocattolo sono stati sviluppati attraverso l'allevamento selettivo e non attraverso gli incroci. Ecco perché ci si può aspettare che abbia lo stesso talento dei suoi fratelli maggiori.

Capitolo 4: Portare a casa il tuo pastore australiano

I mini-pastori australiani sono una razza interessante di cani da lavoro. Sono intelligenti, laboriosi e pieni di energia. I recenti incidenti negli Stati Uniti hanno costretto molti di questi cani a perdere le loro case. Forse avete sentito parlare di pignoramenti, inondazioni e incendi che hanno costretto i proprietari di questi bellissimi cani ad abbandonarli. Le case di accoglienza gestite da volontari sono sempre più piene; ecco perché c'è un vero bisogno di qualcuno che si prenda cura dei pastori mini-australiani senza casa per l'adozione.

Nonostante il nome della razza, il cane da pastore è nato negli Stati Uniti. La razza è stata utilizzata per la prima volta, da cui il nome della varietà di cane, per curare le pecore dell'Australia. Hanno bisogno di molta attività perché sono stati allevati come cani da lavoro, e gli piace fare un sacco di cose selvagge quando si agitano.

Se sei un amante dei cani e hai uno stile di vita attivo, questo cane da pastore è un perfetto compagno animale. L'abbondanza di energia del cane deve essere incanalata da qualche altra parte. Immagina solo di portare il cane da pastore ogni volta che vai a correre o fai una passeggiata veloce. Improvvisamente i tuoi esercizi diventano più divertenti e interessanti. Sono il cane perfetto per l'addestramento sportivo all'aperto come l'agilità, la pastorizia e la cattura dei frisbee.

Poiché sono stati allevati appositamente per una taglia più piccola, i pastori australiani mini possono essere cani da casa, solo se i loro livelli di energia non sono concentrati sulle cose di casa. Un addestramento adeguato e abbastanza esercizio sono necessari se si vuole mantenere una casa sana con questo cane in giro. Ma questi sono cani intelligenti che capiscono subito se si è comportato come un cane cattivo. Se non hai la resistenza per stare al passo con i tuoi bambini indaffarati, allora manda i tuoi bambini e il tuo cane fuori e guardali mentre si addormentano. Le vostre scarpe e pantofole rimarranno inalterate fino a quando saranno tenute attive.

Questi cuccioli possono perdere molto pelo. Questa è un'altra ragione per cui ha bisogno di una forma specifica del proprietario che possa adottare i mini-pastori. Tuttavia, sono ragionevolmente facili da governare, il che è una cosa positiva. Durante la primavera e l'autunno, perdono più peso.

I mini-pastori australiani sono stati allevati per pascolare il bestiame. Per le famiglie con bambini piccoli, questa abilità difensiva è buona. Ammirano e si impegnano a stare con gli altri. Questi cani possono seguire i vostri bambini ovunque gli sia permesso.

Se pensate di avere un livello di energia corrispondente, allora prendere il pastore australiano più piccolo che è stato messo in adozione potrebbe essere una buona idea. Assicuratevi solo di avere il tempo per correre e fare il bagno e portare il cane fuori. Sono uno dei cani più sicuri da avere a causa del loro intelletto e dedizione.

Ci sono risorse su internet dove si può scoprire dove trovare pastori mini-australiani in adozione. Basta ricordare che ce ne sono parecchi che hanno perso la casa. Dare loro una nuova vita è molto gratificante per il cane e per te e la tua famiglia.

Uno dei migliori cani da pastore del mondo è l'Australian Shepherd. Altamente intelligente e desideroso di piacere, l'Aussie possiede un numero ideale di tratti positivi per chiunque cerchi un nuovo membro della sua famiglia. Sono leali, affettuosi e sono ottimi animali domestici.

Tuttavia, a causa dell'intelligenza dell'Aussie, richiedono una buona quantità di esercizio e di attenzione. Altrimenti, si metteranno nei guai, cosa non rara per molti cuccioli giovani, ma che può portare alla rovina di mobili ed effetti personali o alla fuga del vostro Aussie verso i recinti. Sono eccellenti scavatori, dopo tutto. Alla fine, è meglio tenere il tuo pastore australiano occupato e felice, evitando così molti di questi problemi. Qualsiasi numero di attività aiuterà a mantenere gli australiani felici, sia che si tratti di tempo trascorso in un parco fuori dal guinzaglio a correre e giocare a palla, o semplicemente il tempo trascorso con la famiglia nel cortile posteriore. Il punto fondamentale è che questi cani vogliono fare qualcosa di attivo, qualsiasi cosa, davvero, e soprattutto, vogliono farlo con voi.

I pastori australiani sono una razza di cani molto motivati ed energici, e possiedono abbastanza intelligenza per svolgere quasi tutti i compiti che gli vengono assegnati. Questo ha contribuito a renderli ideali come cani da assistenza addestrati, utili in diverse funzioni, dall'aiutare i ciechi e i sordi alla ricerca e al salvataggio. Questo, naturalmente, ha un beneficio diretto per chiunque voglia includere un cane del genere nella propria famiglia. Significa che sono veloci da imparare e desiderosi di compiacere, con il risultato di un cane ben addestrato che può adattarsi alla vostra unità familiare con un minimo di problemi. Anche così, il fatto importante da notare è che sono allevati come creature da gregge, il che significa che gli piace avere dei lavori da fare. Nei ranch, sono spesso usati per guidare il bestiame, quindi potrebbero cercare di fare lo stesso finché non saranno adeguatamente addestrati nel tuo ambiente domestico.

Questo punto ci porta ad un altro: data la natura intuitiva di questa razza, il modo migliore per garantire la piena e corretta integrazione nella vostra unità familiare è cercare di acquistare uno di questi cani il più giovane possibile. Così facendo, lo vedrai addestrato presto e correttamente, e che prenderà facilmente la sua nuova casa. Assicurati che abbia una stanza tutta per sé quando arrivi il tuo nuovo cucciolo, e qualche giocattolo per tenerlo occupato durante i giorni in cui non ci sarai tu a stare con lui. Soprattutto, stabilisci il tuo dominio come capofamiglia per aiutarlo a frenare il suo naturale istinto di branco e avrai un nuovo membro eccellente da aggiungere alla tua famiglia.

Anche se ha un nome sbagliato - non viene dall'Australia, ma piuttosto dall'ovest americano - il pastore australiano è una meravigliosa aggiunta a qualsiasi famiglia. Con solo un po 'di addestramento adeguato al momento giusto sono suscettibili di essere uno dei migliori animali domestici si potrà mai possedere.

Come curare correttamente un pastore australiano

Per qualsiasi proprietario di animali, prendersi cura di un pastore australiano può essere un'esperienza gratificante. Se si sviluppa una routine, rispetto alla compagnia di un pastore australiano come animale domestico, la cura sembra minima.

La gestione dell'animale può sembrare un po' scoraggiante per i nuovi proprietari di un Aussie. Prendersi cura di un pastore australiano, però, non è nulla di cui aver paura. Quando si porta a casa un nuovo cucciolo, è meglio essere addestrati. Questo significa fornire tutte le forniture necessarie per il trattamento dell'animale domestico che sono necessarie. Per i cani, può essere un processo molto traumatico e frustrante il trasferimento in una nuova casa. I proprietari si aspettano che il cucciolo, così come gli altri membri della famiglia, rendano la transizione il più semplice possibile.

È fondamentale che venga assegnato un posto dove il cane possa dormire. La maggior parte dei rivenditori di forniture per animali vende una vasta gamma di letti e gabbie per cani tra cui scegliere. Tieni presente dove la lettiera o la gabbia deve essere collocata in casa, se ne viene scelta una. I pastori australiani hanno bisogno di un posto in casa dove possono riposare e dormire comodamente senza comunicare con gli altri membri della famiglia. Questo renderebbe più facile per il cane diventare meno nervoso e adattarsi più facilmente al nuovo mondo.

Ci dovrebbero essere ciotole per l'acqua e il cibo per ogni cane in casa. Anche queste possono essere trovate in un negozio di forniture per animali. Scegliere il miglior tipo di cibo per un pastore australiano è la mossa successiva. Chiedere a un allevatore o a un veterinario ti aiuterà a decidere la migliore forma di dieta ideale per l'età e la taglia del tuo cane.

Affinché un Aussie sia sicuro, è importante che il cane abbia un veterinario autorizzato per un controllo di routine. Assicurarsi che il cucciolo sia aggiornato su tutti i suoi scatti è particolarmente importante per la salute del pastore australiano. È vitale che il veterinario sia adeguatamente informato su tutti i farmaci che possono e non devono essere usati per trattare i membri della razza Collie mentre si consulta con il veterinario su tali farmaci per il Pastore Australiano. Più di 50 forme diverse di farmaci hanno effetti psicologici dannosi sui cani Collie, alcuni dei quali possono anche portare alla morte. Quando si porta un Pastore Australiano alla clinica, un proprietario ben informato farà la differenza.

È necessario stabilire una routine per l'Aussie nelle prime settimane, con orari prestabiliti per le passeggiate, per mangiare, per andare a letto e per fare i bisognini. Questo dà al cane un senso di routine, incoraggiandolo a passare più facilmente a un nuovo ambiente. Una routine aiuta anche il cane a sapere cosa è necessario e rende facile per te insegnare al nuovo cane. Dopo alcune settimane, molti nuovi proprietari trovano che il pastore australiano si adatta abbastanza facilmente e diventa un membro della famiglia ben accetto e molto amato.

Capitolo 5: Formazione della casa

Problemi di comportamento comuni

Di tanto in tanto, la maggior parte delle persone affronta alcuni problemi comportamentali con i loro animali domestici. La buona notizia è che queste sfide possono essere superate con qualsiasi istruzione del pastore australiano e un po' di comprensione e persistenza.

Gli Aussies sono razze obbedienti, attente, altamente intelligenti, laboriose e attive. Con uno straordinario istinto da pastore e da guardia, hanno un intelletto straordinario. Il pastore australiano ha la reputazione di essere prepotente, guidato e molto attivo. Altri proprietari pensano che si debba essere più autoritari, ambiziosi e responsabili di loro per tenere l'Aussie in riga. Per conoscere la loro posizione all'interno della famiglia, i proprietari devono essere un passo avanti a loro, assicurandosi che i membri della famiglia possano comunque conoscere le regole ed essere obbedienti con i loro ordini. Attenzione, si può essere in per alcune sfide comportamentali impegnative se si abbassa la guardia.

L'addestramento del cane Australian Shepherd è parte della chiave per lavorare verso una relazione rispettosa e cooperativa tra te e il tuo cane. Ha anche a che fare con il controllo della mentalità del tuo cane, non del cane stesso. Puoi scoprire alcune sfide comportamentali se non insegni al tuo cane chi è il capo, e inizieranno a manipolarti. Alcuni tratti comportamentali che saltano fuori sono il masticare distruttivo, l'abbaiare, il parlare con la bocca, l'implorare, lo scavare, il controllo istintivo e l'ammassamento di voi e dei membri della famiglia, il mangiare le feci e il saltare in alto.

Con il rinforzo positivo, l'insegnamento del pastore australiano funziona. Lavorare in modo negativo metterà il cane sull'orlo del dilemma e forse lo esacerberà. La maggior parte dei cani non capisce cos'è che hanno fatto di sbagliato perché non conoscono la cosa giusta da fare. Il trucco è mostrare loro la cosa giusta e poi premiarli per averlo fatto. Usate una voce severa come diversivo, conduceteli a ciò che dovrebbero fare e lodateli solo se vedete che il cane sta per fare qualcosa che non fa.

Gli australiani sono cani molto sociali e non sono fatti per vivere da soli. Andare all'addestramento, andare al parco a giocare, o anche solo aiutare seguendoti in giro per casa o in cortile li mantiene attivi e attivi. Concentrati sulle attività per la mente e per il corpo per tenerli occupati. Amano tutte le attività che ruotano intorno alla pastorizia; questo mantiene il tuo Aussie mentalmente e fisicamente soddisfatto e gli farà assumere meno comportamenti negativi.

Imparare l'obbedienza e i giochi di prestigio sono un ottimo modo per far sì che il tuo Aussie abbia una personalità energica e che la sua mente e il suo corpo rimangano equilibrati. Si annoiano facilmente e preferiscono lavorare tutto il tempo. Gli Aussies amano controllare il loro ambiente, incluso il tuo spazio. Possono essere piuttosto manipolatori perché cercano di spostare le persone o altri animali, insegnando loro a rispettare lo spazio personale è il modo migliore per prevenire i colpi di tacco.

Per avere un rapporto felice e cooperativo con il tuo Aussie, usa le tecniche e i consigli ottenuti da Australian Shepherd Training. Tu e la tua famiglia avrete un grande cane che lavora e si comporta in modo appropriato piuttosto che contro di te.

Senza alcuna esagerazione, gli Australian Shepherd sono cani così competenti e talentuosi che possono eseguire diversi tipi di lavori con successo e precisione. La muscolatura ben costruita e la meravigliosa fiducia hanno portato ulteriore splendore e fascino alle loro personalità. Con una determinazione di ferro e un'incredibile capacità d'indovinare, sono cuccioli coraggiosi innati. Non ci sarà motivo di guardarli finché non padroneggiano l'intero programma di addestramento. Possono seguire gli ordini dei padroni di Toto. Possono, tuttavia, essere aggressivi e indisciplinati senza un adeguato addestramento e istruzione. È la verità che l'addestramento al vasino dovrebbe essere offerto anche ai Pastori, il momento più conveniente per dare loro l'addestramento al vasino quando sono giovani. Per dare loro il corretto addestramento al vasino, ci sono anche delle regole che si possono mantenere.

È dimostrato che è molto difficile coltivare i comportamenti nella mente dei pastori per l'addestramento al vasino dopo aver raggiunto la maturità. Per quanto riguarda l'ispirazione a rimuovere la cacca fuori casa, ci sono diversi approcci. Si può togliere il cane di famiglia dalla cassa nelle prime ore e spingere il cucciolo di pastore ad andare fuori per l'eliminazione. Durante la mattina, durante la pausa pranzo, durante la cena, l'ora di andare a letto, ecc, i cani possono essere portati fuori per rimuovere le feci. Si dovrebbe insegnare ai cani a fare la pipì e la cacca all'aperto. I giovani pastori rovineranno il tappeto o l'interno della cassa senza un adeguato addestramento al vasino. Per eliminare la cacca fuori dalla cassa e dalla casa, si può usare qualsiasi caramella per attirarli. Si dovrebbe fornire loro acqua fresca e potabile, soprattutto durante la stagione estiva. Dovrebbero, comunque, essere ben guidati e addestrati a fare regolarmente la pipì in un posto particolare. La ripetizione è il segreto per permettere loro di pisciare o scoreggiare fuori casa. Un elemento deve essere dedicato alla memoria, che non sarebbe molto utile per seguire da vicino durante la rimozione delle cose. Indirettamente, si può guardare in modo che i cani siano sicuri e felici di fare la pipì o la cacca.

Si dovrebbe pulire senza rimproverare i cani se un cucciolo in qualche modo fa la pipì sul materasso o sul tappeto della stanza. Alcuni pericoli o avvertimenti possono interrompere la prossima fase di addestramento al vasino. Si dovrebbe ignorare la realtà e cercare di ispirarlo a fare la pipì o la cacca fuori. Solo dopo la rimozione, non bisogna spingere i cani da compagnia di nuovo nella stanza. Dopo la rimozione, i cani mostreranno felicità o si sentiranno a loro agio, e usciranno. Si dovrebbe riportare i cani nella stanza in quel momento.

Pro e contro di possedere un pastore australiano da compagnia

Il cane da pastore per eccellenza è l'Australian Shepherd. Come pastore, è salito alla fama, e anche se probabilmente ha avuto origine nei Pirenei, è stato esportato in Australia e in altre zone di allevamento di pecore. Qualche altro nome lo conosce, ma la maggior parte sa che è l'Australian Shepherd o Aussie.

È un cane molto riconoscibile grazie alla sua colorazione unica degli occhi e alla bella colorazione merle del mantello. Nasce normalmente con una coda corta, e se più lunga di 4 pollici, viene normalmente attraccata. È robusto, con una corporatura muscolosa e ha un equilibrio straordinario, il che spiega in parte come sia così bravo nella pastorizia e la sua intelligenza. Si può prendere in considerazione un Aussie come prossimo animale domestico se si ha uno stile di vita molto impegnato e si vuole un compagno facile da addestrare.

Pro:

Un Australian Shepherd è una razza di cane premuroso che ama giocare e non sembra mai perdere le sue caratteristiche di cucciolo. Per questo motivo, se avete bambini in casa, è un cane perfetto da acquistare. Con altri animali domestici e cani, così come con tutti gli esseri umani, va d'accordo.

È facile da addestrare, perché gli piace giocare e sa cosa volete che faccia. Bisogna stabilire, come la maggior parte dei cani, che lei è il capobranco. L'Aussie è facile andare d'accordo se si fa questo, e sarà molto contento di assecondare la tua guida.

Il pastore australiano vuole piacere a tutti e protegge molto bene la sua famiglia. Il tuo animale si comporterebbe meglio se condizionato ad essere usato come cane da guardia, se gliene viene data la possibilità. Oltre ad essere intuitivi, hanno una forte vista. Il tuo animale saprà cosa ci si aspetta da lui e quindi è più facile da addestrare.

A meno che non stia pascolando il bestiame, un Aussie da compagnia non è aggressivo. È un amico protettivo e fedele che è un buon cane per la famiglia. Questo cane non ama niente di meglio che radunare il bestiame, quindi è il cane che fa per voi se avete animali che devono essere radunati. La pastorizia sembra essere istintiva, come le anatre, le oche e persino i bambini sono stati conosciuti per tentare di radunare.

Contro:

Per evitare che si senta solo e sia potenzialmente aggressivo, ha bisogno di attività umana ogni giorno.

L'Aussie è una razza meravigliosa, ma ha tanta energia per essere un cane di casa. Ogni giorno deve avere molta azione. Potete provare una nuova razza di cani se non avete un grande giardino o portare fuori il vostro animale per una grande quantità di esercizio ogni giorno.

Mentre un cane resistente è il pastore australiano, c'è una preoccupazione che può apparire in loro. Un elemento che può causare cecità e sordità è anche il gene che crea la loro colorazione sweet merle. Oltre alla cataratta, i cuccioli dovrebbero essere testati per la sordità. A volte, gli Aussies con bobtail possono sviluppare difetti spinali estremi. In alcuni di questi cani, la displasia dell'anca è un'altra potenziale preoccupazione. Questi sintomi non vengono rilevati in entrambi e non dovrebbero essere considerati abbastanza gravi da impedirvi di considerarne uno come animale domestico o aiutante.

Come altri cani, per essere l'animale domestico perfetto, gli Aussies richiedono un buon addestramento. Fortunatamente, questo gatto ha un'intelligenza superiore alla media così come un'integrità e un'integrità viste in pochi altri cani. Fatevi un favore se avete bisogno di un buon compagno che possa anche aiutare intorno alla fattoria o al ranch e date un'occhiata all'Australian Shepherd. Sarete contenti di averlo fatto.

Capitolo 6: Socializzare con persone e animali

La gente si diverte a domare i cuccioli. Si può supporre, per quanto riguarda i pastori australiani, che il pastore australiano sia una specie di razza americana usata negli allevamenti di bestiame. Hanno un'altezza tra i 18 e i 23 pollici e il loro peso è tra i 35 e i 70 chili. Sono progettati con un cappotto doppio di media lunghezza. Questo cappotto può essere dritto o marcel. Tuttavia, questa razza può essere multicolore come una perfetta combinazione di rosso, blu merle, nero jet o rosso merle. I loro cappotti sono costruiti anche con marcature. Per quanto riguarda il trattamento, bisogna prestare la dovuta attenzione e considerazione per proteggerli da disturbi come la displasia dell'anca, la cattiva visione, la sordità o la cecità, ecc. Dovrebbero essere vaccinati per rinforzare la forza di resistenza nel corpo.

Prima di comprare gli Australian Shepherds, si dovrebbe concentrarsi se si vuole tenere i cani in casa per la sicurezza della casa o spingere il cane nella gestione del bestiame e nella pastorizia. Per scopi domestici, si possono acquistare Australian Shepherds disinvolti ed educati, ma i cani possono essere competitivi e dinamici per la gestione del bestiame. Ci sono alcuni dubbi e malintesi sulla loro originalità per quanto riguarda le origini degli Australian Shepherds. Anche se sono considerati pastori australiani, probabilmente fanno parte della linea di allevamento tradizionalmente usata dai pastori baschi del sud della Spagna. I pastori baschi hanno dovuto avventurarsi sulle coste dell'America nel 1875. All'epoca portavano con loro questi organismi. Questi cani furono poi diffusi in tutto il mondo in questo modo, e più tardi questi cani furono conosciuti come pastori australiani dall'American Kennel Club. Ha un aspetto molto audace e risoluto. È a doppio pelo con i piedi rotondi e gli arti dritti. Sono disponibili nei seguenti colori: blu, blue merle, red merle, tutto rosso.

Questi cuccioli sono molto obbedienti ai loro proprietari. Con la perfezione, seguiranno la casa. Questo cane ha molto successo e professionalità nel monitorare la proprietà e la casa adiacente durante la notte sotto la copertura dell'oscurità penetrata. Pertanto, i cani da guardia notturni hanno molto successo e sono professionali. Essi renderanno anche i proprietari della casa consapevoli del pericolo inevitabile. Questo cane ha un potenziale molto potente per la caccia. Pertanto, questi cani possono essere addestrati e messi in azione per avere autorità sul bestiame da pastore e sul bestiame negli allevamenti.

Uno degli aspetti più significativi dell'insegnamento è la socializzazione del cane. Ogni proprietario ha bisogno di un cucciolo ben educato, calmo ed equilibrato, e con una corretta socializzazione, inizia la strada verso questo stato. Esporre il cane ad altre persone e ad altri animali domestici è fondamentale per garantire che si comporti correttamente e aiuterà sia lui che voi a scaricare la tensione.

Il meccanismo dovrebbe preferibilmente iniziare il più presto possibile perché attecchisca meglio. È meglio socializzare un cucciolo tra le tre e le dodici settimane di età, quando i cuccioli sono più ricettivi e attenti. In questa fase della loro crescita dovrebbero abituarsi a nuove circostanze e capire come devono e non devono comportarsi, che sono le chiavi della socializzazione di un cane.

Naturalmente, se adotti un cane anziano o se il tuo cucciolo ha dovuto essere isolato per qualsiasi motivo quando era giovane, non è sempre possibile iniziare la socializzazione del cane così presto nella vita. Ma questo non significa che un cane anziano non possa socializzare. È sempre possibile socializzare correttamente, indipendentemente dall'età, purché lo si faccia nel modo corretto. Un modo perfetto per iniziare è con una passeggiata mattutina, dove si possono incontrare individui e cani istintivamente ed essere in grado di monitorare la reazione del cane a loro.7. Esercizio mentale e fisico

Capitolo 7: Esercizio fisico e mentale

La razza Australian Shepherd è comunemente chiamata Aussie. È di taglia media, ben equilibrato e robusto, un bel cane dall'aspetto rustico. Il cane ha un corpo leggermente più lungo della sua altezza, da terra al garrese. La testa dovrebbe essere proporzionata al corpo, con il muso leggermente più piccolo della parte posteriore del cranio, i denti dovrebbero essere a morso di forbice o a livello. Gli occhi sono ovali e sono di colore blu, ambra o marrone; questo include macchie di colore negli occhi. Questo cane ha orecchie triangolari che sono arrotondate in punta. Il suo petto è profondo e arriva fino al gomito. Le zampe anteriori sono dritte e perpendicolari al terreno. La coda non dovrebbe essere più lunga di quattro pollici, e se è più lunga, di solito è attraccata. Il pelo è di media lunghezza con un aspetto ondulato. Ha un sottopelo che può variare con il clima. Le loro zampe anteriori hanno una leggera piumatura; questi cani hanno una criniera e un fronzolo, più evidente nel maschio della razza. In questa razza, i colori che si trovano sono rosso solido, con o senza marcature bianche, e possono avere punti di rame o marrone, red merle, nero e blu merlo.

Storia: Il cane da pastore australiano non è australiano, ma proviene dai Pirenei, tra Francia e Spagna. È stato utilizzato come cane da pastore nei ranch di tutta l'Australia. Si pensa poi che questo cane si sia incrociato con le razze Collie. Altri nomi di questo cane sono Bobtail, California Shepherd, New Mexican, Blue Heeler e Pastor Dog.

Temperamento: Il cane da pastore australiano rimane come un cucciolo anche nella sua vita adulta. È facile e meraviglioso con i bambini. Ama giocare ed è molto agile; è un cane adorabile, affettuoso e premuroso. Sono molto intelligenti e facili da addestrare. Detto questo, il cane ha bisogno di esercizio mentale e fisico ogni giorno, altrimenti si annoiano e possono diventare problematici. Non sono buoni cani da lasciare da soli perché possono diventare nervosi e distruttivi. Hanno bisogno di socializzazione per aiutarli ad accettare gli estranei. Possono essere aggressivi quando sono al lavoro, ma buoni con le loro famiglie umane. Sono ottimi cani da guardia e possono essere molto coraggiosi.

Problemi di salute: Il cane Australian Shepherd può soffrire di numerosi problemi di salute, e un buon controllo prima di prendere questo cane è fortemente raccomandato. Ecco alcuni dei problemi di salute. La colorazione merle è molto ricercata, ma c'è anche il fattore sordità/cecità in questo gene. Questo è solo nell'incrocio merle/merle. L'allevamento naturale da bobtail a bobtail può portare alcuni cuccioli ad avere gravi difetti spinali. L'epilessia è un altro fattore che può venire fuori.

La toelettatura: Sorprendentemente, la razza Australian Shepherd ha bisogno di poca cura. È sufficiente spazzolare occasionalmente con una spazzola ferma. Si fa il bagno al cane solo quando è necessario è sufficiente per questa razza.

Condizioni di vita: Qui abbiamo un cane moderatamente attivo, ma non è adatto alla vita in appartamento. La razza Australian Shepherd ha bisogno di un giardino abbastanza grande.

In questa sezione, siamo schietti. Adoro quando Frank, il nostro sciocco labrador nero, ha sonno. Onestamente penso, "Wow! Qualche breve minuto senza cercare di soddisfare i suoi desideri di cucciolo - Che qualcuno mi dia del cibo; Gee, sono seriamente disidratato; Potrei andare fuori, potrei, potrei, potrei; Potresti per favore assicurarti di buttare la porta sul retro aperta così posso lo, sia che sparisca in camera da letto prima del tempo o sia sveglio più tardi o preferibilmente si riposi parecchio quando sto lavorando, dico," Wow!

Sapete perché il cliché del cane stanco è noto per essere un cane più felice? Naturalmente, penso che un cane stanco sia anche un proprietario canino molto felice. Tuttavia, il cane potrebbe non essere così entusiasta. Il modo migliore per vedere Frank affaticato è quello di passeggiare al suo fianco. Anche allora, l'esercizio non può aiutare con molti grossolani problemi dei cuccioli di cane, come masticare i divani, guaire a qualche piccolo racket non umano, o cercare di mordere le vere mani del postino se intrufolano la posta attraverso il buco all'interno del recinto.

Tuttavia, l'esercizio fisico porta a un cucciolo divertente, contento ed equilibrato. Eh? Dormire? Non troppi, forse. Dopo aver fatto un allenamento decente, personalmente non faccio mai fatica a sentirmi un po' vivace. Ci sono un paio di direzioni qui:

Cani più piccoli

In genere, questi piccoli cani richiedono più pratica di esercizio e relax rispetto ai cagnolini molto più grandi. Ma possono accontentarsi di correre intorno al patio o forse anche in casa a causa delle loro dimensioni da pinta. Salire le scale con qualche giocattolo di peluche presenta una gioia immensa per il tuo piccolo cane e fornisce abbastanza esercizio per la giornata due volte al giorno in appena mezz'ora.

Cani grandi

A proposito di giochi briosi che corrono su per le scale, molti canini alti non sono alti. Infatti, a parte forse una bistecca bollente, non riesco a convincere Frank a salire le scale per prendere un qualsiasi oggetto. Per questo, con due piedi, questo labrador nero lo farà. Di solito, i grossi cani vogliono un paio di passeggiate facili per l'isolato ogni giorno e 10-20 minuti di tiro alla fune. È così. Pertanto, sono felici e pronti a dormire ... DI NUOVO.

Razze

La taglia non è cruciale per le esigenze di attività del tuo cane quanto la razza specifica del tuo cucciolo. Quindi, dalla a alla z, quella che segue è una ripartizione delle preferenze di esercizio fisico per razze canine specifiche.

Esigenze minime di esercizio

Cavalier King Charles Spaniel

Pinscher in miniatura

Pechinese

Carlino

Barboncino giocattolo

Bassi requisiti di esercizio

Bassotto

Beagle

Collie barbuto

Bichon Frise

Boston Terrier

Chihuahua

Bassotto

Bulldog Inglese

Spaniel Inglese Giocattolo

Bulldog francese

Levriero

Lhaso Apso

Barboncino in miniatura

Parson Russell Terrier

Pembroke Welsh Corgi

Pomerania

Shih Tzu

West Highland White Terrier

Yorkshire Terrier

Moderata richiesta di esercizio fisico

Levriero afgano

Airedale Terrier

Alaskan Malamute

Bulldog Americano

Border Terrier

Borzoi

Boxer

Bull Terrier.

Bullmastiff

Cairn Terrier

Chow Chow

Collie

Dalmata

Cocker Spaniel inglese

Pastore Tedesco

Schnauzer gigante

Golden Retriever

Alano

Grande Pirenei

Irish Wolfhound

Labrador Retriever

Schnauzer in miniatura

Vecchio cane da pastore inglese

Pointer

Rhodesian Ridgeback

Rottweiler

San Bernardo

Barboncino standard

Schnauzer standard

Weimaraner

Whippet

Filo di Volpe Terrier

Più alto requisito di esercizio

Bovino australiano

Pastore australiano

Border Collie

Doberman Pincher

Setter inglese

Springer Spaniel inglese

Setter Gordon

Setter irlandese

Terranova

Shetland Sheepdog

Siberian Husky

Spero che questo vi aiuti a rendere il vostro migliore compagno di cani a 4 zampe una sana scelta umana. Non prendete un Border Collie se non siete amanti dell'esercizio fisico. Un bel barboncino Toy potrebbe essere il tuo cucciolo. Esercitare il tuo cane secondo il suo temperamento, la sua taglia e, soprattutto, la razza è vitale. Dovete essere onesti con voi stessi per scegliere il cane migliore per voi e quanto volete andare in giro sotto la pioggia tutto l'inverno a far esercitare il vostro cane e, in alcune situazioni, anche a dormire.

Capitolo 8: Allenando il tuo pastore australiano

Quando si seguono i consigli e le istruzioni giuste, addestrare un pastore australiano al guinzaglio può essere un lavoro abbastanza semplice. Gli Australian Shepherd sono cani da pastore, e sono molto intelligenti e molto atletici, come la maggior parte dei cani da pastore. Hanno bisogno di molto esercizio e relax, ed è importante camminare regolarmente per scaricare fisicamente e mentalmente le loro risorse.

I pastori australiani hanno una pulsione alla preda molto alta, che può essere difficile da gestire ma non impossibile da addestrare. Una volta che ti stabilisci come il dominante nella relazione con il tuo cane, rende la vita molto più semplice per l'addestramento e la vita generale con il tuo cane.

Quando inizi ad addestrare il tuo pastore australiano a stare al guinzaglio, è importante trovare un'area ampia con meno distrazioni possibili, in modo che ti dia tutta la sua attenzione e la sua pulsione da preda non si attivi.

Con il cane alla tua sinistra, inizia a camminare in linea retta, se tira il guinzaglio, smetti di camminare e ferma la sua corsa. Non trascinarlo verso di te; fermalo sul posto. Riposizionatevi, in modo da tornare al punto di partenza e ricominciate a camminare. Continua questo processo per circa 10 minuti 2 o 3 volte al giorno, e il cane inizierà a prendere confidenza con il guinzaglio.

Quando si è abituato a camminare in linea retta, inizia a cambiare direzione a caso ogni dieci passi. Questo lo abituerà a rispondere ai tuoi movimenti. Continua a ripetere questi passi ogni giorno per qualche settimana e inizia a incorporare il comando verbale di tallonare ogni volta che lo correggi.

Man mano che diventa abile nel tallonare al tuo comando, inizia ad esporlo a diverse situazioni e distrazioni e continua gli esercizi.

Il pastore australiano come cane da lavoro

Inizialmente, l'Australian Shepherd è stato allevato per essere un cane da lavoro. Molti individui semplicemente ignorano tutte le possibilità di una razza così flessibile come l'Aussie quando decidono quale razza di cane avere. Il cane è usato per scopi lavorativi dalla maggior parte dei proprietari di Aussie, e ci sono molti modi in cui un proprietario può usare questa razza laboriosa.

La maggior parte degli Aussies sono usati per scopi di pastorizia nelle piantagioni. In questa missione, la razza eccelle, e sono ampiamente utilizzati per la pastorizia di cavalli, pecore e capre. In questa razza, l'istinto di pastore è così forte che sono un'aggiunta eccezionale ad una fattoria con bestiame come maiali, pecore o capre.

Quando si acquista un Aussies per scopi lavorativi, è importante iniziare ad addestrare il cane per la pastorizia il prima possibile. La disciplina è uno dei problemi più critici posti dai proprietari quando si addestra un Australian Shepherd. Tuttavia, se si usano parole dure con un pastore australiano, il cane reagirà in modo sensibile, proprio come farebbe se venisse punito fisicamente.

Rinforzare i comandi di base su base giornaliera aiuterà il cane a diventare più ricettivo a ulteriori indicazioni. Una volta imparati i comandi di base, sarà più facile addestrare il tuo pastore australiano. Alcuni dei comandi di base che dovrebbero essere insegnati sono sit, stay, come e lie down.

Il pastore australiano impara in fretta e ha la tendenza a imparare i comandi abbastanza rapidamente. La razza prende bene la direzione ed è molto in sintonia con ciò che ci si aspetta in termini di compiti e responsabilità. Un pastore australiano ha un'ottima capacità di risolvere i problemi ed è veloce nel risolvere i dilemmi in modo indipendente.

Quando si addestra un Aussie, è importante stabilire un senso di dominanza, così il cane sa chi comanda. Proprio come con qualsiasi razza di cane, è importante insegnare i comandi di base dell'obbedienza, e un pastore australiano non è diverso. Scoprirete che crescere un cane obbediente è molto meglio di uno a cui è permesso di correre selvaggiamente e comportarsi male.

Quando il tuo Aussie è addestrato nell'arte della pastorizia, diventerà un prezioso strumento di lavoro nella fattoria. Questo ha reso l'Australian Shepherd molto popolare come razza da lavoro. Molti proprietari li considerano uno degli strumenti più importanti con cui lavorano quotidianamente. A causa della loro personalità ad alta energia, un Aussie amerà l'esercizio fisico che deriva dalla pastorizia, così come la stimolazione mentale che riceve.

La verità sui pastori australiani che devi sapere.

Scopri com'è fatto, come si comporta, i suoi attributi. Conoscere queste cose è importante. Prima di averne uno come gatto, questo ti farà riflettere due volte.

- Sono conosciuti per essere il miglior gruppo di animali domestici nella comunità canina.

- L'Aussie è un cane di taglia media e ben costruito che ha un bel pelo che viene in colori notevoli.

- Di solito, i pastori australiani sono generalmente coccolosi, addestrabili, sensibili, cani amabili e animali domestici nutrienti, vivaci, e partner devoti.

- Prosperano sull'esercizio entusiasta e sulle prestazioni atletiche

- Questa razza è molto brillante e ha bisogno di un addestramento semplice. Capisce molto rapidamente i nuovi ordini.

- L'Aussie è eccezionalmente flessibile quando è ben addestrato; gli si può insegnare e fare quasi tutto. È una delle razze più intelligenti.

- Tritatutto estremamente pesante. Lui giardini sparisce troppi peli! Scoprirete peli in tutto il giardino di casa e intrappolati ovunque. Il pelo di media lunghezza dei pastori australiani ha bisogno solo di una strofinata temporanea. Ma se si sparpagliasse troppo, potreste ritrovarvi a strofinarlo giorno per giorno per eliminare i peli ridotti.

- Sono cani da guardia protettivi.

- Attentamente prudenti nelle loro relazioni sociali, contattano facilmente i parenti stretti e gli ospiti, e li accettano come membri della famiglia.

- Gli australiani prendono le misure quando succede qualcosa. Non si tirano mai spesso indietro di fronte a qualsiasi ostacolo, e le loro capacità di risolvere i problemi e la loro flessibilità li portano a cercare di controllare la situazione e non mollano mai.

- Eseguono e pensano. Dando ai vostri pastori australiani una routine quotidiana e fornendo attività, eliminerete o eviterete qualsiasi comportamento scorretto. La bellezza di queste razze è che capiscono così rapidamente che li rende divertenti da esercitare. A causa della loro adattabilità, è possibile inserirli in qualsiasi gioco per cani, e si divertiranno molto.

Si è detto molto sui gusti, gli attributi e il comportamento del pastore australiano. Ora, parliamo dei consigli utili che puoi dare ai tuoi Aussies che hanno sufficiente stimolazione mentale. Poiché si annoiano facilmente, potete soddisfarlo con giochi/attività stimolanti nella routine. Qui di seguito sono elencate attività eccitanti che i vostri pastori australiani possono godere e mantenere il suo cervello in funzione:

- Mostrargli regolarmente dei trucchi

- Gioca con lui a nascondino. Questa attività educa i pastori australiani a venire da te. Questo è anche un ottimo aiuto per la connessione ed educa il tuo cane ad affidarsi a te.

- Prepara dei problemi nel giardino sul retro e mostragli come fare il percorso.

- Fagli prendere qualcosa. Questo gioco aiuta a mostrargli come avere il controllo. Puoi aggiungere una pallina da tennis o un giocattolo e lanciarlo avanti e indietro perché il cane lo recuperi. Fornisci una ricompensa quando ci riesce.

- Dagli dèi pasti da sgranocchiare (ossa deliziose ma difficili da macellare)

- Raccolta di titoli di giochi

- Giocare a "flyball" con lui è stimolante

Quando le persone incontrano per la prima volta l'Australian Shepherd Dog, spesso si stupiscono nell'apprendere che la razza non è australiana ma è una vera americana - essendo emersa dal melting pot degli immigrati (e dei loro cani) nel West americano. L'Aussie originale è un cane da lavoro sviluppato dall'allevamento di bestiame che ha inghiottito l'Ovest americano nel 1800 e che continua ancora oggi.

I cani di taglia sufficiente per affrontare il bestiame avevano forza, agilità e intelligenza molto apprezzate. Così, l'apporto di varie razze come l'originale Collie inglese, i cani da pastore dei Pirenei e forse anche l'Australian Coolie, portò allo sviluppo di un tipico cane da allevamento americano che si poteva trovare in quasi tutti i ranch. Questa fu l'origine dell'Australian Shepherd - un vero pioniere americano.

Dal cane da lavoro all'animale domestico suburbano

Tuttavia, la bellezza dell'Aussie catturò l'attenzione degli amanti dei cani, e presto gli Australian Shepherd furono allevati come animali da compagnia per il mercato suburbano. Questi Aussies da esposizione mantengono in qualche misura il loro temperamento di cane da lavoro, ma il vero Aussie stock dog è un carattere molto più duro. È un po' come il "cane di città" e il "cane di campagna".

I cani da esposizione sono spesso allevati più per l'aspetto, e alcuni dei tratti ideali per un cane da lavoro vengono così persi. Gli Aussies sono quasi scomparsi come cani da lavoro, poiché sono stati allevati per l'aspetto e il temperamento "da compagnia" piuttosto che per la loro eccellenza come cani da riporto.

Requisiti di un buon cane da lavoro

C'è stata una rinascita del cane "da lavoro" Aussie, e ci sono molti Aussie che sono eccellenti cani da pastore e si guadagnano più che bene il loro mantenimento. Alcuni allevatori allevano Aussies specificamente come cani da fattoria. Un buon cane da pastore ha bisogno idealmente delle seguenti caratteristiche:

- Forte istinto da pastore - questo è per lo più un tratto genetico.

- Un giocatore di squadra - il cane vuole compiacere il suo padrone e perdona facilmente qualsiasi correzione. Il cane dovrebbe essere altamente addestrabile e non ostinato.

- Fiducia e alta autostima - permettono al cane di non essere troppo stressato dal lavoro e gli permettono di superare qualsiasi bestiame ostinato e di non farsi intimorire da esso.

- Entusiasmo - i cani devono avere un alto grado di interesse per il bestiame e non farsi dissuadere da un calcio della mucca o dalla correzione dell'addestratore.

- Buon pelo - cappotti eccessivamente pesanti sono a volte creati dall'allevamento per lo spettacolo - un cane ha bisogno di un buon pelo per il tempo ma non uno che raccoglierà costantemente bave.

- Etica del lavoro - una volontà di andare avanti con il lavoro e non essere distratto facilmente. Il cane deve avere un'innata consapevolezza che il bestiame è il suo carico, non i suoi giocattoli.

In definitiva, l'Australian Shepherd è un cane da lavoro, prima di tutto e soprattutto.

Stai sognando di adottare un nuovo cane e ti stai chiedendo quanto sarebbe difficile allevare cuccioli di Pastore Australiano? Gli Aussies sono cani molto intelligenti che hanno istinti da pastore e da inseguimento ben sviluppati. Gli australiani sono ottimi amici e animali domestici con una buona cura. Tuttavia, possono diventare irritati e persino imbarazzati senza un'adeguata disciplina e preparazione.

Gli Aussies hanno bisogno di conoscere la loro posizione nella gerarchia familiare, e con l'insegnamento imparano la posizione. Se credi che un pastore australiano sia il cane che fa per te, l'educazione sarà una parte importante della tua vita con il cucciolo nei primi sei mesi.

La coerenza e la ripetizione sono gli aspetti principali della scuola per cuccioli di pastore australiano. Gli Aussie sono desiderosi di reagire e amano essere ricompensati, quindi si impegnano a replicare il comportamento e ricevono più attenzione quando vengono trattati bene per un comportamento specifico. Il tuo cucciolo di Aussie sarà incredibilmente veloce da addestrare, a patto che tu sia attento e dia la lode dove è dovuta. Abbracceranno una varietà di abitudini come automatiche in pochissimo tempo. Poiché i pastori australiani sono ricettivi all'insegnamento, sono animali perfetti per i bambini e possono diventare favolosi amici per i disabili o le persone sole.

I cuccioli di pastore australiano si adattano facilmente all'addestramento, quindi non è difficile insegnarglielo. Sono, però, cani molto impegnati, e nei primi sei mesi di vita, avranno bisogno di una grande quantità di cure concentrate. L'addestramento dei cuccioli di pastore australiano dovrebbe consistere nella socializzazione, nell'addestramento all'obbedienza e nell'addestramento basato sull'agilità o sul gioco. La gerarchia familiare sarà minacciata dagli Aussies, che cercheranno volontariamente di usurpare il vostro compagno nel letto, ecc. Per garantire che il tuo cane rimanga un membro felice della famiglia, dovrai tenere una mano forte per non intraprendere queste abitudini.

Se riesci ad essere severo e disciplinato e a dedicargli un po' di tempo ogni giorno, insegnare ai cuccioli di pastore australiano non è difficile. Per fortuna, agli australiani piacciono le sfide dell'addestramento e risponderanno ai tuoi sforzi con entusiasmo. Ricorda le ore spese per allevare il tuo cucciolo e credi nel tuo cane miracoloso. Praticando nuove tecniche e trucchi, il tuo Aussie gioirà nel compiacerti, cosa che poi userai per compiacere i tuoi simili. Quindi, i proprietari di cani si prendono il tempo per studiare le tecniche di addestramento dei cuccioli di pastore australiano che sono semplici e dirette.

Se stai cercando di adottare un pastore australiano, contatta il gruppo di salvataggio più vicino. Questi gruppi di soccorso offrono Aussies in adozione. Dovrai compilare un lungo modulo di domanda e accettare una visita a domicilio da parte di uno dei volontari di salvataggio. Se sei un adottante adatto, sarai approvato e se c'è un cane che corrisponde alla tua richiesta, te lo daranno. In caso contrario, sarete messi in una lista d'attesa.

C'è una tassa di adozione che si paga quando si ritira il cane. Questa tassa varia da pochi dollari a qualche centinaio, e dipende dai costi del gruppo di salvataggio. Questa tassa può includere il costo del veterinario per cose come lo splaying e le vaccinazioni. Prima che un cane da soccorso sia messo in adozione, viene sottoposto a un periodo di stabilizzazione con un volontario. Questo comporta esercizio di qualità, cura e attenzione, e un po' di addestramento di base.

Quando si considera l'adozione di pastori australiani, è necessario essere consapevoli di alcune cose. Questi cani non avranno solo bisogno di molto esercizio, ma anche di molta cura e attenzione. L'addestramento dovrebbe iniziare non appena il cane è in casa vostra. Questa razza è intelligente e ai cani intelligenti piace dominare. Questo deve essere eliminato presto. Hanno bisogno di sapere che tu sei il padrone. Gli australiani sono pastori naturali, e saltellare alle calcagna può sembrare divertente, ma è il vostro pastore australiano che cerca di radunare gli umani e di affermare il suo dominio.

Si può pensare che i pastori australiani messi in adozione siano cani con problemi mentali o comportamentali. Questo non è il caso. I gruppi di salvataggio non accettano cani aggressivi. Lo scopo principale dei gruppi di salvataggio è quello di salvare Aussies, prendersi cura di loro, e ri-alloggiarli trovando case adatte. È molto probabile che i problemi comportamentali siano legati alla mancanza di esercizio o a un addestramento inadeguato. I volontari faranno del loro meglio per assicurarsi che i cani salvati vadano in una casa accogliente.

Gli Australian Shepherd sono molto versatili, ma quando si adotta un Aussie, aspettatevi di fare un po' di lavoro per ottenere un cane adeguatamente addestrato e obbediente. Questa razza non è solo intelligente, ma è leale, affettuosa e molto protettiva. Quindi, se adottate un Australian Shepherd, dategli un sacco di esercizi, addestramento corretto, socializzazione e amore e cura. Allora non avrete solo un cane per la vita, ma un cane che vi darà amore, attenzione e protezione senza fine. Decidi in anticipo, però, se sei pronto a dedicare il tempo e la cura per il tuo cane. Se potete, allora non sarete delusi.

Tazza da tè Pastori australiani

L'aumento dell'allevamento dei cani più piccoli in una cucciolata porta a una generazione di Aussies ancora più piccoli conosciuti come pastori australiani "teacup". A causa del loro aspetto carino, la loro popolarità cresce. Hanno le stesse caratteristiche del tipico pastore australiano, ma sono molto più piccoli in altezza - attenzione, entusiasmo, competitività, obbedienza e capacità di pastore.

Questi Teacup Aussies sono un po' più piccoli degli Australian Shepherds "toy" o miniatura e forse erroneamente contrassegnati come la loro vecchia generazione spesso. All'altezza della spalla, questi teacup sono sotto i 25 cm e pesano tra i 2 kg e i 10 kg. Gli Australian Shepherds "toy" hanno un'altezza compresa tra 25 cm e 35 cm, mentre gli Aussies in miniatura hanno un'altezza compresa tra 35 cm e 40 cm. Il loro peso varia da 10 kg a 20 kg e da 20 kg a 30 kg. Tre tipi di pastori australiani hanno di solito le stesse marcature di colore. I loro colori sono nero, rosso o blu, e le marcature abbronzate o bianche possono essere combinate con questi colori. Una lunga linea che si estende dalla parte posteriore della testa alla regione del muso dovrebbe includere le uniche marcature bianche che dovrebbero mostrare sulla loro fronte. Questo tipo di cane ha spesso una pelliccia ondulata che è da media a lunga e delicata al tatto. Il pelo può anche essere leggermente più lungo sulla parte posteriore della testa e del collo, più la parte posteriore delle cosce, rispetto al pelo sulla parte superiore, o sopra la regione delle orecchie. Un'altra caratteristica degli Aussies "Teacup" è che le loro orecchie sono flosce e pelose. Per essere chiamato un autentico Teacup Australian Shepherd, il cane deve avere tutti questi criteri.

Questi cani sono ottimi compagni per i bambini piccoli perché sono cani amabili e giocosi. Sono energici, leali e molto protettivi. Servono come compagni ma difenderanno i loro piccoli proprietari se sentono che sono in pericolo a causa del loro coraggio. Come l'Aussie standard, questi teacup sono pastori nati. Da cuccioli, amano rosicchiare i mobili o i tacchi delle persone che passano. Proprio come i pastori australiani standard, i teacup "raduneranno" i bambini se il cane non ha ricevuto l'addestramento adeguato in anticipo.

Con i Teacup, proprio come con qualsiasi altra razza di cane, si dovrebbe stabilire come il leader del branco, ma in un modo fermo e amabile. La mancanza di leadership porta generalmente ad abbaiare in modo stravagante, a saltare e persino a mordere. La compagnia si costruisce attraverso un esercizio precoce di addestramento del cucciolo a prendere possesso della casa e dei membri della famiglia. Porta il tuo cucciolo con te durante le gite di famiglia, la caccia, lo shopping, la pesca o qualsiasi altra attività all'aperto. Questo diminuirà la dominazione del cucciolo e diminuirà anche gli eventuali tentativi del cucciolo in un periodo di tempo più breve.

Pastori Australiani Teacup da non perdere!

I Pastori Australiani Teacup sono probabilmente una delle razze più amichevoli e carine di un cane di piccola taglia.

Pesano regolarmente tra le 4 e le 9 libbre e sotto i 10" alla spalla. Erroneamente chiamati come pastori australiani "toy" o pastori australiani "miniatura", i teacup sono un po' più piccoli. I toy alla spalla vanno da 10" a 13" e pesano tra 10 e 16 libbre. Alla spalla, le miniature sono da 14 "a 15" e pesano da 18 e 30 libbre. I tre tipi di pastori australiani hanno di solito marcature di colore identiche. Hanno colori neri, rossi o blu - ma possono essere combinati con un'abbronzatura o un adesivo bianco. L'unica marcatura bianca che dovrebbe apparire sul loro volto dovrebbe essere una lunga striscia che si estende dalla parte posteriore della testa alla regione del naso. L'unica marcatura bianca che dovrebbe apparire sulla loro faccia dovrebbe essere una lunga striscia che si estende dalla parte posteriore della testa alla regione del naso. Molti di questi cani hanno spesso una pelliccia ondeggiante e delicata al tatto, da media a lunga. Il pelo dovrebbe essere leggermente più lungo intorno al collo e sul retro delle gambe rispetto al pelo intorno alla testa o alle orecchie. Rilassate e gentili sono le zampe del pastore australiano teacup. Per essere chiamato un autentico teacup Australian Shepherd, un cane deve soddisfare questi criteri.

Più della maggior parte delle razze di cani, il Teacup Australian Shepherd ama essere fisicamente attivo. Se non può pascolare le pecore, ha bisogno di fare qualcosa - qualsiasi cosa! Questo fa del tuo Aussie il candidato perfetto per l'addestramento e le competizioni di agilità canina.

Prima di acquistare questo cane, è necessario esaminare alcune delle caratteristiche dei pastori australiani teacup. Queste caratteristiche sono le seguenti:

- Sono una buona compagnia quando si tratta di bambini piccoli.

- Amichevoli, affettuosi, leali e protettivi.

- Aiutano i loro custodi difendendoli quando è necessario.

- Devono essere addestrati correttamente, ed è facile addestrarli.

- Sono molto intelligenti e saggi.

- Possono capire cosa vogliono i loro proprietari.

- Sono molto attivi e amano fare alcune o altre cose.

- Non dovrebbero essere lasciati inattivi. Inoltre, è molto importante mantenerli sani con l'esercizio fisico, dato che un esercizio inadeguato li renderebbe panici e irrequieti.

Potrebbero anche finire per mangiare le scarpe o strappare i vostri infissi.

- Hanno una natura dominante. Quindi, devono essere addestrati bene in modo che non si comportino da leader. Dovete assicurarvi di essere un leader per non finire a fare il capo. Sia in modo amorevole, ma assicuratevi di stabilire la vostra immagine di leader di fronte a loro.

- Sono aggressivi quando non gli viene data un'ampia possibilità di dimostrare le loro qualità di leader. Tuttavia, se provate a cacciare o qualsiasi altra attività all'aperto, sentiranno che li coinvolgete, il che potrebbe aiutarli a superare il loro atteggiamento dominante.

- Sono i migliori intrattenitori.

- Amano tenere i loro custodi e rendere la vostra casa bella ed energica.

- Sono compagni perfetti per chiunque si senta solo o sia solo.

Con la loro mente giovane, intelligente e attiva, questi Aussies teacup dimostrano di essere i migliori!

Capitolo 9: Comandi di obbedienza

Come cani da lavoro o come animali domestici, i pastori australiani sono ampiamente utilizzati. L'acquisizione di questa razza come cane da esposizione è ora aumentata.

Come cavallo, cane da lavoro o da esposizione, molti potenziali proprietari devono considerare se acquistare o meno un pastore australiano. Contrariamente alla credenza popolare, rispetto alle loro controparti da lavoro, ci sono grandi differenze nell'aspetto dei cani e nel modo in cui vengono allevati.

Quando si considera un nuovo cucciolo di pastore australiano, si dovrebbe notare che altri sono addestrati per essere animali di famiglia o cani da lavoro, mentre alcuni sono utilizzati per scopi espositivi. Queste sono le principali differenze tra ogni scopo. I cuccioli di qualità da compagnia non sono all'altezza degli standard della razza, ma sono comunque un ottimo cane da compagnia. I cani da esposizione e da riproduzione sono animali che soddisfano i requisiti fisici dello standard di razza. Non importa se state acquistando un pastore australiano per un animale domestico o un cane da esposizione, come di loro non può gestire essere nell'ambiente dello spettacolo. Detto questo, ci sono alcuni cani da esposizione che non soddisfano lo standard di razza con le specifiche esatte e possono ancora diventare vincitori.

Quando si acquista un pastore australiano da mostrare nelle competizioni, ci sono diverse cose che il cucciolo deve imparare per avere successo sul ring. Le basi della disciplina sono di solito le prime cose insegnate a un nuovo cucciolo. Molti proprietari di Australian Shepherd concordano sul fatto che la razza è facile da addestrare nei comandi di base. L'Aussie è stato specificamente allevato per imparare a prendere ordini dal suo padrone, e la razza è molto intelligente e dotata di grandi capacità di risoluzione dei problemi.

Se stai addestrando il tuo Aussie per essere un cane da esposizione, una delle abilità più importanti da insegnare è l'obbedienza. Insegnare l'obbedienza a qualsiasi cane di base è una buona idea per formare un rapporto migliore e un legame con il tuo animale. I comandi di base come resta, siediti, sdraiati e vieni sono vitali per far sì che il tuo cane si comporti bene sul ring. Una volta acquisita la padronanza dei comandi di base, alcuni proprietari si divertono anche a coinvolgere il cane in attività di tracking, frisbee, corsi di agilità, fly ball e molti altri sport legati al cane.

Le persone che acquistano un pastore australiano come cane da esposizione scoprono anche che il cane è un ottimo animale domestico, un compagno attento e un eccellente e versatile cane da lavoro.

La preparazione del cane Australian Shepherd è un aspetto vitale per mantenere la vita gestibile con un Aussie. Fortunatamente, gli Aussie rispondono bene all'addestramento, imparano facilmente e sono una delizia da insegnare poiché sono estremamente intelligenti. La coerenza è il segreto del successo dell'addestramento del pastore australiano, come per tutti i cani. Gli Aussies amano la struttura e rispondono particolarmente bene a conoscere il loro posto nella gerarchia familiare. Sono cani giocherelloni e vorranno correre e scatenarsi spesso con voi. Gli Aussies sono particolarmente bravi a giocare a frisbee e nei percorsi a ostacoli. Il tuo Aussie accetterà le sfide e imparerà velocemente, quindi dovrai stare all'erta.

Inizia l'addestramento del tuo cane da pastore australiano con i semplici comandi Seduto, Giù, e loda il tuo cane ogni volta che esegue con successo un comando con petting, lodi o bocconcini. Quando avrà imparato questi comandi, potrai passare a richieste di obbedienza più complicate. Fai attenzione a rinforzare sempre le basi mentre passi a nuovi comandi.

Poiché gli australiani imparano così velocemente, può essere facile sorvolare sulle cose, ma attraverso la ripetizione, un comando imparato diventa una risposta automatica. Nel trattare con i pastori australiani, la continuità delle aspettative è importante. La soluzione migliore è ricordarsi costantemente di attingere alle lezioni precedenti - "sai di fare questo, e ora voglio che tu faccia anche questo".

Una volta che le sessioni di addestramento del cane da pastore australiano hanno aiutato il tuo cane a padroneggiare le basi, puoi divertirti con l'addestramento. Con un Aussie, Fetch può facilmente tradursi in Frisbee; l'istinto di inseguimento può essere facilmente trasferito nella corsa ad ostacoli. La chiave con un Aussie è comunicare ciò che ci si aspetta e premiare il cane per l'esecuzione come previsto. La chiave per rendere l'addestramento gestibile e veloce è mantenere le sessioni brevi e mirate e attingere al naturale desiderio di piacere della razza. Far sapere a un Aussie che si è soddisfatti di lui è fondamentale per il successo dell'addestramento.

L'addestramento del cane Australian Shepherd è necessario per un cane ben adattato e ben educato. Parte dell'addestramento che farai sarà per frenare e focalizzare il naturale istinto di pastore e di inseguimento e per stabilire un'autorità assoluta.

Una parte dell'addestramento del tuo Aussie sarà per divertimento. Indipendentemente da ciò, un pastore australiano avrà bisogno dell'addestramento per conoscere il suo posto nella gerarchia familiare e per sentire che offre un contributo vitale alla vita della famiglia. Genitori di cuccioli, sta a voi scoprire i modi incredibili in cui potete addestrare il vostro Aussie.

I Pastori d'Australia sono considerati cani di taglia media. Questi cani sono molto laboriosi e coraggiosi. Pertanto, se qualcuno li incoraggia ad impegnarsi in un gioco di herding o a dimostrare che possono fare bene senza alcuna sessione di addestramento iniziale per sostenere lo scopo, i Pastori Australiani sono molto competenti a manipolare gli animali da pastore poiché questo stile di lavoro fa parte del loro istinto fondamentale.

I pastori australiani hanno un pelo lungo e peloso. L'involucro interno del mantello è morbido e bello, e lo strato esterno del mantello è grossolano. Gli Aussies sono molto noti per il loro comportamento sportivo. Il loro stile di vita di dondolare e saltellare è molto più attraente ed eccitante. Sono desiderosi di giocare con i bambini. Al momento dell'addestramento, sono molto obbedienti. È un fatto che gli Aussies amano molto l'amicizia. Godono della compagnia umana. Hanno sostenuto i pastori fin dall'inizio nel pascolo per sfruttare gli animali da pastore. Questo tipo di interazione con il mondo umano li fa socializzare. Non si può negare che si deve prestare la dovuta attenzione e considerazione per insegnare loro a comportarsi perfettamente.

Per abituarsi al nuovo mondo, devono ricevere lezioni di socializzazione. È vero che i pastori australiani sono molto intelligenti e astuti, ma devono essere educati scientificamente. Bisogna insegnare loro la lezione di obbedienza. L'insegnamento dell'obbedienza è uno degli elementi più vitali. Possono essere negligenti e chiassosi senza obbedienza. È molto urgente insegnare loro a rispondere favorevolmente all'ascolto degli ordini dei padroni per mantenerli in un ambiente familiare. In cambio i padroni possono essere molto tolleranti e dovrebbero usare vari premi e giochi per attirarli ad apprendere rapidamente senza alcun ingombro, in realtà, dovrebbero essere date loro informazioni sull'addestramento al vasino e alla cassa. Se i cani vengono lasciati senza alcun compito, una cosa è molto ovvia che possono sentirsi tristi e monotoni, il che può farli arrabbiare. Tuttavia, per capire le caratteristiche e i comportamenti dei pastori australiani, si può cercare su internet per raccogliere molte conoscenze e dettagli.

In questo senso, si può approfittare di certi manuali di addestramento pieni di programmi e strategie di addestramento rivisti. Nell'addestramento dei pastori australiani, sono utili anche i toelettatori o allenatori professionisti. Infine, ma non meno importante, ci si troverà di fronte a carenze nel miglioramento dell'atteggiamento e delle azioni degli Aussies senza una preparazione precedente o una concezione specifica.

Maggiori informazioni su Australian Shepherds

Il primo tipo di pastore australiano fu visto per la prima volta nella parte occidentale dell'America con l'aumento delle pecore importate dall'Australia. Nel corso degli anni, queste razze e il bestiame crebbero di numero per i coloni della California, e questi videro il valore di avere cani da pastore per assicurare i loro animali.

Le parti occidentali del paese erano più cattive per quanto riguarda il caldo, in particolare nelle zone meridionali, molto secche. È molto più torrido di quello che questi immigrati o i loro cani da lavoro avevano conosciuto prima. E nelle zone nord-occidentali era molto più freddo di quello a cui erano abituati.

A causa di questo, c'era un grande bisogno di una razza di cane da lavoro che potesse sopportare questi elementi. Circostanze come il clima tempestoso, il calore quasi insopportabile e il freddo sono generalmente sperimentate in questo paese. Il cane significativo di cui avevano bisogno doveva avere la capacità di rispondere immediatamente ai movimenti delle pecore, così come alla voce del loro padrone, indipendentemente dalle circostanze in cui si trovavano. Fu così che nacque la razza del pastore australiano. Questa razza di cane si adatta bene a qualsiasi tipo di atmosfera. Con un po' di addestramento sui comandi di base, possono fare rapidamente qualsiasi lavoro di pastorizia poiché hanno la capacità naturale di lavorare intorno agli animali o al bestiame. Ma l'unicità del cane Aussie non è la sua capacità di lavorare; è l'incredibile connessione che sceglie di avere con il suo padrone durante la sua vita.

Al giorno d'oggi, gli Australian Shepherd possono ancora essere scoperti come animali da lavoro nei ranch perché in California svolgono ancora le stesse responsabilità di molti anni fa. L'unica distinzione oggi è che ci sono due tipi di pastori australiani. La maggior parte dei pastori australiani sono stati inseminati con precisione per essere animali da compagnia o per le mostre canine, mentre l'altro tipo di pastori australiani è particolarmente addestrato per lavorare proprio come la razza originale dell'Australia.

Un Aussie allevato per lavorare ha una corporatura più leggera, è notevolmente atletico e ha un pelo più chiaro di un Aussie allevato per gli spettacoli. Sono incredibilmente brillanti e dinamici, ma non sono iperattivi. Sono devoti, responsabili e protettivi quando serve. Questi pastori australiani non sono raccomandati per la maggior parte delle case di periferia, poiché richiedono regolarmente un esercizio intenso e sfide mentali. Fanno meglio in un ambiente agricolo, facendo quello per cui sono stati allevati: la pastorizia del bestiame.

Questi pastori australiani ereditano un istinto da pastore, ma questo non è così evidente nell'Aussie da lavoro. I più noti per essere appassionati e amorevoli compagni di famiglia sono gli Aussies da esposizione. Inoltre, questi cani domestici non saranno superati dai loro fratelli agricoltori. Questi cani possono essere trovati a lavorare come guide per i ciechi, cani da terapia generale, cani da ricerca e salvataggio, rilevatori di droga e cani da udito per i sordi. Sono anche molto competitivi in obbedienza, agilità, utilità e altre prestazioni disciplinate. Inaspettatamente, sempre più persone considerano i pastori australiani come il tipo di cane preferito in America.

Capitolo 10: Gestione di comportamenti indesiderati

Si possono trovare molti Mini Australian Shepherd in adozione attraverso le categorie di salvataggio degli animali. Anche se questi animali domestici sono dei partner fantastici e sono eccellenti con i bambini, le loro richieste di energia e l'intelletto sono a volte difficili per le persone che non hanno il tempo di passare con i loro animali domestici.

Di solito, le organizzazioni Pet saves sono imprese senza scopo di lucro composte da volontari dedicati alla razza dei pastori australiani. Essi mirano a portare gli Aussies orfani in una casa che sia premurosa, premurosa e duratura. Di solito, i gruppi di salvataggio prendono solo animali di razza pura, ma alcuni prenderanno Aussie mix nel programma. La maggior parte di questi cani sono stati recuperati da rifugi e canili, mentre alcuni animali non possono più essere tenuti dai loro proprietari per qualche motivo.

Di seguito sono elencati alcuni tratti del pastore australiano e dei mix:

I pastori australiani e i mix sono stati usati come cani guida per gli individui ipovedenti, cani di utilità per i disabili fisici, cani per gli apparecchi acustici per i sordi e gli ipoudenti, cani per le forze dell'ordine e i narcotici, e cani da ricerca e salvataggio.

L'Aussie è un cane molto energico che ha bisogno di molto esercizio fisico in tempi regolari. Se amate i grandi spazi aperti, una buona corsa e avete molta attenzione e amore da dare, perché non abbracciarne uno?

I misti Australian Shepherd hanno tutti gli eccellenti attributi di un purosangue, spesso senza i problemi di benessere ereditati dalla consanguineità. Soprattutto, quando si abbraccia un mix di questa razza, si abbraccia un compagno unico nel suo genere.

Ci sono diverse domande per determinare se adottare un cane da pastore australiano è una buona decisione da prendere.

- Sei pronto a fare in modo che il cane maturi per essere un compagno ben educato addestrandolo costantemente?

- Hai molto tempo per insegnargli?

Dovresti essere in grado di stabilire la leadership in modo che il cane possa essere immediatamente messo al posto giusto, poiché i pastori australiani hanno la tendenza a dominare a causa della loro intelligenza. Hanno anche una potente attitudine da pastore e sono molto attivi. Se non sono disciplinati correttamente, possono fare cose indesiderate come mordere i talloni di qualcuno.

Se siete sicuri di poter gestire questo tipo di razza, ma sentite di non avere mai abbastanza attenzione e tempo, potreste provare ad adottare da centri di soccorso. Non tutti gli animali di questi posti hanno problemi comportamentali. Alcuni animali sono stati ceduti da famiglie che hanno bisogno di trasferirsi in un altro posto, mentre alcuni animali sono stati persi e recuperati dai canili.

Prima di prendersi la responsabilità di avere un cane come animale domestico, è necessario essere consapevoli che avere un animale domestico è una cosa a lungo termine. Siate pronti a spendere tempo, denaro, energia e una grande quantità di perseveranza. Essere un proprietario di cani responsabile include offrire al tuo animale domestico i bisogni primari come il cibo e il riparo.

Le versioni più piccole delle razze di cani tradizionali stanno guadagnando popolarità negli ultimi anni. Uno di questi cani, il "Teacup Australian Shepard" è una versione in scala ridotta del suo cugino, lo Standard Australian Shepherd. Hanno molti degli stessi tratti, come la vivacità, l'intelletto e l'enfasi interna sulla pastorizia, anche se sono una frazione della scala dei tipici

Aussies. Chiunque stia pensando di possedere un Teacup Aussie dovrebbe capire cinque elementi essenziali prima di prendere una decisione.

1.) Dimensioni - Spesso associati a giocattoli e miniature, i Teacup misurano solo da 4 a 9 libbre circa e sono sotto i 10" alla spalla. In confronto, i giocattoli di solito pesano da 10 a 16 libbre e sono ovunque da 10" a 13" alla spalla. Infine, le miniature possono pesare da 18 a 30 libbre e misurare da 14" a 15" alla spalla.

2.) Aspetto - La maggior parte degli Australian Shepherd teacup sono neri, blu o rossi. Questi sono spesso mescolati con vari colori o bianchi nel loro cappotto. Le strisce bianche di solito iniziano dalla regione del muso e si immergono verso la parte posteriore della testa. Il pelo lungo e soffice è una delle caratteristiche principali di questi cani. Il pelo sulla regione del collo e sul dorso delle gambe è anche relativamente più lungo del pelo sulla testa e sulla superficie delle orecchie. Le orecchie dei Teacup sono anche un po' mollicce. Questa è anche un'idea intelligente per conoscere i suoi record di allevamento se siete interessati ad acquistare un purosangue teacup per vedere se ci sono problemi di malattia che si presentano.

3.) Maniere - I Teacup Australian Shepherd sono famosi per la loro lealtà e il loro senso di difesa e tipicamente vanno d'accordo con i bambini. Proprio come gli Aussies di taglia standard, i teacup cercheranno spesso di mordere i talloni quando sono cuccioli. Questo senso inerente al branco è un tratto importante da ricordare per i proprietari di teacup. Tuttavia, i teacup hanno anche un'intelligenza intrinseca e il desiderio di imparare cose nuove. Così, il loro istinto naturale di radunare può essere affrontato facilmente durante l'addestramento. Per i proprietari che amano le coccole, i Teacup Australian Shepherd possono essere i migliori amici da abbracciare e amare.

4.) Esercizio - Come tutti i cani, i teacup hanno bisogno di una routine di esercizio di base. Questo può variare dalla corsa programmata o dalle passeggiate ai momenti di gioco nei parchi o nei cortili. Non solo questo aiuta ad affrontare i problemi di peso, ma ridurrà il comportamento indesiderato che può derivare dall'ansia e dall'energia repressa.

5.) Disciplina - Mentre i teacup sono obbedienti e giocosi, proprio come altri cani in miniatura, bisogna insegnare loro ad evitare cattive abitudini come masticare gli oggetti e abbaiare. I proprietari dovrebbero sviluppare presto un forte ruolo di leadership. Altrimenti, sperimenteranno cattive abitudini come abbaiare eccessivamente, saltare e persino mordere. Per ridurre al minimo la tendenza a dominare, addestrare i teacup ad alcune regole come l'escursionismo, la pesca o anche i trucchi di caccia. Queste attività all'aperto sicuramente freneranno la voglia dell'Aussie di dominare in un tempo molto preciso.

Questi adorabili e dolci cani possono essere un'aggiunta incredibile a qualsiasi famiglia come membro della famiglia se ricevono un esercizio regolare, un addestramento adeguato e una guida precisa.

È questo il cane per te?

L'American Stock Dog Association riconosce tre taglie di pastori australiani: normale, miniatura e toy. Un "teacup" è il più piccolo della gamma toy. Lo standard della razza richiede che tutte e tre le taglie dell'Aussie corrispondano alle caratteristiche tradizionali del pastore australiano: essere un cane da pastore estremamente intelligente, versatile e addestrabile.

Le dimensioni contano

I pastori australiani in miniatura misurati alla vita dovrebbero avere un'altezza di 18 pollici. Possono pesare fino a 40 libbre, ma i Miniature Aussies più piccoli possono pesare da 25 a 30 libbre. D'altra parte, il Toy Australian Shepherd dovrebbe essere lungo 12 pollici ai fianchi e pesare 13 libbre. Idealmente, gli allevatori dovrebbero sviluppare cani con tutte le caratteristiche e i tratti tradizionali dell'Australian Shepherd: resistenza, intelletto, forza e motivazione.

I pastori australiani Teacup sono cani allevati male?

Tre taglie di pastori australiani sono riconosciute dall'American Stock Dog Association: normale, miniatura e toy. Un "teacup" è il più piccolo della gamma toy. Lo standard della razza esige che le tre taglie dell'Aussie corrispondano alle caratteristiche tradizionali della razza: un cane da pastore altamente intelligente, flessibile e addestrabile.

Qualsiasi disaccordo è diretto alle versioni in miniatura e giocattolo della razza. Come per i pastori australiani, l'American Kennel Club non capisce i due tipi più piccoli. I tipi in miniatura e giocattolo sono cani di qualità inferiore con una scarsa genetica, sostengono alcuni allevatori. Tuttavia, è ben accettato che nelle linee di sangue tipiche del pastore australiano, vengono allevati anche cuccioli di taglia più piccola.

Inoltre, bisogna notare che tutte le razze di cani si sono evolute dall'allevamento di taglie o tipi unici e che un'identica "normalità" della razza porterà anche ad una riduzione dell'intelligenza e di altri tratti quando l'enfasi è sull'aspetto o sulla taglia della razza. Tuttavia, alcuni allevatori senza scrupoli non cercano cani di qualità da allevare e progettano di produrre cuccioli "stentati" e commercializzarli invece come teacup o giocattoli. Questi allevatori dovrebbero essere scoraggiati, e dato che a volte provengono da "allevamenti di cuccioli" dove non viene data alcuna cura al benessere dei cani da riproduzione, si dovrebbe anche smettere di acquistare cani giocattolo dai negozi di animali.

Per assicurare che il temperamento dell'Aussie rimanga fedele alla razza, le linee di sangue del Pastore Australiano tradizionale continuano ad essere utilizzate dagli allevatori attivi di Toy e Mini Aussies. Ci sono diverse società di Miniature Australian Shepherd e Toy Australian Shepherd negli Stati Uniti che mirano a proteggere il prestigio della razza. È bene assicurarsi che una di queste appartenga al tuo allevatore.

Quali sono le caratteristiche del teacup dei pastori australiani?

Il Teacup è un cane molto piccolo e sportivo, perfetto per vivere in zona. Questo non significa, però, che può essere lasciato isolato e senza esercizio. Sono incredibilmente intelligenti e si educano rapidamente, ma hanno bisogno di essere attivi. Sono adatti alle famiglie con uno stile di vita attivo o agli individui.

Non prendete un cane solo per il fattore "carino" in entrambe le situazioni, ma assicuratevi di potergli dare una casa accogliente e di potervi prendere la responsabilità di farlo esercitare e insegnargli. Alla fine, sarai ricompensato con un gatto fantastico.

Gli Australian Shepherd non sono solo un ibrido tra il pastore australiano e una razza di cane più piccola, contrariamente a quanto si potrebbe credere. Invece, hanno trovato i loro inizi negli anni '60, con gli allevatori che prendevano i cani più piccoli della cucciolata e li allevavano, lavorando per garantire che i cani diventassero progressivamente sempre più piccoli. Questo ha portato all'Australian Shepherd in miniatura, così come alle varietà toy e teacup di dimensioni più piccole. Questo ha funzionato molto bene per le persone che vivono in spazi più piccoli, o in città, che desideravano avere un cane con tutti gli incredibili attributi di un pastore australiano senza dover affrontare la dimensione completa.

Ci sono diversi punti importanti da considerare quando si cerca un allevatore qualificato, ma il più importante è che deve essere stato allevato da linee di campioni a grandezza naturale. Questo è un must, perché così facendo ci si assicurerà che il cane abbia una buona struttura ossea e mantenga le caratteristiche cordiali di un forte cane da lavoro. State cercando difetti nella linea genetica, il che significa che l'allevatore avrà testato i suoi cani e sarà in grado di fornirvi i risultati di tali test. I problemi che sorgono possono essere trovati ai gomiti, alla tiroide, alla rotula ed eventualmente agli occhi. In quest'ultimo caso, l'allevatore dovrebbe avere una certificazione per controllare gli occhi del cane. La coppia di riproduttori dovrebbe anche essere inviata per un controllo di eventuali anomalie genetiche.

Un buon allevatore guarderà anche al benessere del cane, alla sua felicità, prima di tutto. Alla luce dell'alta energia e dell'intelligenza di questi cani, un allevatore qualificato vorrà assicurarsi che siate consapevoli del tipo di cane che state prendendo prima di prenderne uno. Se lasciati soli troppo a lungo o non addestrati, i cani in miniatura troveranno il modo di divertirsi, e il più delle volte, questo significa combinare guai in casa vostra e forse giocare con oggetti personali che preferireste lasciare in pace. Potrebbero iniziare ad abbaiare tutto il tempo, o saltare, scavare sotto il vostro recinto e scappare.

Un allevatore qualificato cercherà anche diverse cose da te. I buoni allevatori del pastore australiano in miniatura pensano prima di tutto alla felicità dei loro cani e cercano di fare in modo che vadano in una casa che li apprezzi. Alla luce dell'alta energia che è comune a questi cani - richiedono molto esercizio e attenzione - gli allevatori cercano di assicurarsi che tu possa fornire queste cose prima di venderti un cucciolo. Poiché i pastori australiani in miniatura sono cani intelligenti, troveranno il modo di intrattenersi se lasciati soli. Tuttavia, il risultato di questo tipo di azione non sarà sicuramente di tuo gradimento. Metodi comuni per badare a se stessi sono l'abbaiare continuo, lo scavare e il fuggire, e il masticare tutto ciò che attira la loro attenzione. Questi cani sono nati da forti cani da pastore, e l'istinto rimane nonostante la loro piccola taglia. L'eccitazione e il rumore della gente li attrae, e possono ricorrere a mordere i talloni se non hanno ricevuto un addestramento adeguato. L'allevatore vi chiederà, e voi dovete chiedere a voi stessi, se potete tenerli abbastanza occupati da stare fuori dai guai nonostante la vostra vita sia molto impegnata. Un cane non capirà che siete occupati o stanchi, e dovreste arrivare a capire ed essere impegnati in passeggiate quotidiane e momenti di gioco, anche se si tratta solo di lanciare una palla o un frisbee nel cortile posteriore per un po'. Come per i più grandi pastori australiani, i pastori australiani in miniatura sono dotati di una radicata e istintiva natura di guardiani, e devono essere adeguatamente socializzati.

Altrimenti, potresti scoprire che sono troppo riservati con gli estranei.

Con una corretta comprensione della razza e un allevatore che alleva cuccioli di pastore australiano in miniatura di qualità, puoi assicurarti di trovare un cane che si adatti al temperamento e allo stile di vita della tua famiglia. Come tutte le altre taglie di questa spettacolare razza di cani, il cane da pastore australiano in miniatura vuole fare, il che comprende

quasi tutto ciò che si trova a fare. Questi cani energici, leali e intelligenti sono la razza perfetta per chiunque sia in movimento o voglia perseguire uno stile di vita attivo con il suo nuovo membro della famiglia.

Capitolo 11: Viaggio

"Allevatori di pastori australiani."

Trovare un grande allevatore di pastori australiani può essere più facile di quanto si pensi, soprattutto se si sa cosa e dove cercarli.

Visita le mostre canine

Dove si trovano i grandi allevatori? Per cominciare, viaggia negli stessi ambienti in cui viaggiano i proprietari di pastori australiani. Vai alle mostre canine e parla con questi proprietari. Ti daranno anche preziosi consigli, compresi i nomi, per cercare i migliori allevatori. E quali allevatori evitare.

Non essere sorpreso di trovare allevatori alle mostre. Questo ti dà l'opportunità perfetta per conoscere i cuccioli australiani senza sentirti obbligato a nessun allevatore. Potresti trovare l'allevatore perfetto per te alla mostra. Uno con un impegno per la razza, e sarete in grado di riconoscere questo da come egli allevia qualsiasi preoccupazione si può avere circa la vostra nuova impresa.

Domande da fare all'allevatore

1. Chiedi di vedere il pedigree dei cuccioli che stai pensando di adottare.

Una volta visti i documenti, è bene sapere cosa cercare. Stai cercando di vedere almeno tre generazioni elencate. Alcuni esperti di cani dicono che dovresti cercare un cucciolo con almeno cinque generazioni conosciute.

2. La gravidanza era pianificata o non pianificata?

Una gravidanza non pianificata può significare che è coinvolto un cane diverso da un Australian Shepherd. Potrebbe non interessarti se stai adottando il cucciolo rigorosamente come animale domestico. Ma se alla fine vuoi allevare o mostrare il tuo cane, questo potrebbe essere un punto cruciale.

3. Se la gravidanza è stata pianificata, allora questo apre altre domande da fare. La prima dovrebbe essere: Perché l'allevatore ha scelto quel particolare maschio per generare la cucciolata?

Il maschio è stato scelto solo per convenienza? Possiede già il padre e decide di allevare gli animali? O ha scelto di proposito un maschio che riteneva avesse le qualità adeguate - e che sarebbe stato in grado di trasmetterle - ai nuovi cuccioli?

4. Chiedigli dei difetti della madre e del padre.

Un buon allevatore sarà sincero con voi su questa domanda. Parlerà dei difetti di entrambi i genitori, ma allo stesso tempo dovrebbe parlare anche dei loro pregi e delle loro buone qualità.

5. Qual era l'obiettivo dell'allevamento?

Se la risposta è fare soldi, sai che dovrai trovare un altro allevatore. Mentre fare qualche dollaro in più allevando pastori australiani è comprensibile, un vero allevatore lo fa per amore della razza. Un buon allevatore non sacrifica mai la qualità della cucciolata o il lignaggio della razza per fare soldi.

Applicando queste informazioni, alla ricerca di un grande allevatore di Australian Shepherd, ti assicurerai di avere successo nella tua ricerca del cucciolo perfetto per te e la tua famiglia.

Regole per viaggiare con un animale domestico

Milioni di famiglie vanno in vacanza ogni anno, e questo significa anche portare con sé l'animale di famiglia. Viaggiare con un animale domestico comporta una serie di sfide e ostacoli. Tuttavia, una pianificazione adeguata può alleviare la maggior parte dei mal di testa e rendere il viaggio piacevole per tutti, compresi Fido o Fifi.

Ci sono sette regole che seguo sempre quando porto il mio amico Max, un pastore australiano di due anni, in viaggio con me. Lui viaggia molto bene, e penso che si diverta tanto quanto noi umani.

Regola #1 - Per tutto il tempo, assicurati di avere una museruola e un guinzaglio al tuo gatto. Gli animali possono diventare eccitati o nervosi in situazioni o ambienti nuovi e possono reagire inaspettatamente. Anche l'animale più calmo e ben educato può improvvisamente decidere di sfrecciare su una strada trafficata o saltare addosso al gentile signore anziano alla prossima pompa di benzina. Il controllo costante del tuo animale domestico garantirà la sicurezza per lui e per tutti gli altri.

Regola #2 - Porta sempre con te acqua, un piatto e sacchetti per i rifiuti, non importa se stai guidando o volando. Assicurati di offrire acqua al tuo animale frequentemente e assicurati che abbia anche l'opportunità di fare i propri bisogni. Se stai guidando, la maggior parte delle aree di sosta hanno aree speciali per il tuo animale. Oh, e assicurati di raccoglierli quando hanno finito.

Regola #3 - Non lasciare mai il tuo animale in macchina a temperature estreme! Non posso sottolinearlo abbastanza. Questo è un problema soprattutto quando si viaggia in estate.

Il calore può aumentare rapidamente in un veicolo chiuso, e gli animali domestici possono soffrire di malattie legate al calore stando in un'auto chiusa anche solo per 30 minuti. Se devi fermarti da qualche parte e lasciare il tuo animale in macchina, segui alcune semplici linee guida. Assicurati di parcheggiare all'ombra, tieni tutti i finestrini aperti per almeno 6 pollici per incoraggiare il flusso d'aria, ed evita il sole usando parasole sulle finestre. Non lasciare mai il tuo animale in macchina per più di 30 minuti, anche con le precauzioni di cui sopra. Quando torni, assicurati di dare dell'acqua al tuo animale e fallo raffreddare sotto un albero o all'ombra.

Regola #4 - Portare ossa da masticare o giocattoli. Se il tuo cane è abituato a masticare ossa o giocattoli, assicurati di portarli con te. Potrebbe decidere che la tua scarpa è bella se non ha i suoi ossi da masticare.

Regola #5 - Non dimenticare l'esercizio fisico! Questo è molto importante, specialmente per i cani ad alta energia. Hanno bisogno di trovare uno sfogo per la loro eccitazione dopo essere stati seduti in macchina per molto tempo, quindi devi assicurarti che abbiano la possibilità di sfogarsi e giocare. Prendi una lunga corda da legare al collare per permettergli di correre in modo controllato nelle aree di sosta o a destinazione.

Regola n. 6 - Premi e ricompense per il buon comportamento. Quando si viaggia, è un ottimo momento per ricordare al tuo animale come comportarsi correttamente con gli estranei e in ambienti diversi. Porta con te dei bocconcini e lavora con lui al guinzaglio. Sarai soddisfatto di come si comporta bene quando riceve dei bocconcini!

Regola #7 - Prendi una cuccia per i voli e i pernottamenti. Se stai volando, sarà necessaria, ma ne vorrai una anche nel caso in cui dovessi lasciare il tuo animale in una stanza d'albergo o a casa di amici. L'animale più ben educato può improvvisamente decidere di fare danni costosi se lasciato solo in un posto sconosciuto. Non capiscono che hai intenzione di tornare, quindi possono cercare di scappare o essere distruttivi. Questo potrebbe costare a voi in danni e a loro in ferite. Assicurati che abbiano un posto sicuro che gli sia familiare per rassicurarli e proteggerli.

Se non puoi o non vuoi imbarcare il tuo animale quando viaggi, seguire queste poche semplici regole aiuterà te e il tuo animale ad avere un viaggio piacevole.

Nonostante tutte le informazioni sui pastori australiani, una verità che a volte è sconosciuta è che il pastore australiano non è originario dell'Australia. Molto probabilmente, sono stati allevati da qualche parte nei Pirenei, tra la Spagna e la Francia, ma questo rimane poco chiaro, poiché le razze, come le conosciamo oggi, non esistevano prima dell'epoca vittoriana. Molto di ciò che sappiamo della storia di una data razza è una congettura.

Gli antenati del moderno Aussie erano probabilmente un mix di razze, alcune ormai estinte, che hanno portato al cane moderno che conosciamo. Come è stato menzionato, questo cane potrebbe essere stato il risultato di un incrocio tra cani ovunque dalla Spagna alla Francia, ma non è detto che sia stato limitato. Si pensa che da qualche parte nella loro storia ci siano cani da pastore britannici e qualche razza proveniente dalla Germania. Quando esattamente questo allevamento ha avuto luogo, e quali sono stati i risultati con ogni generazione, è, naturalmente, un'incognita.

Informazioni comuni sui pastori australiani sono che sono uno dei migliori cani da pastore del mondo. Sono cani intelligenti, veloci e adattivi, i cui talenti naturali sono stati realizzati per molti ruoli lavorativi diversi oltre la pastorizia. Alcuni dei loro talenti includono il recupero, la guardia, il servizio come cane da guardia, il lavoro di polizia che include il rilevamento di narcotici, la ricerca e il salvataggio e i cani guida.

Ci sono state alcune congetture che il loro nome sia derivato dal fatto che alcuni dei primi della razza a venire in America lo fecero a bordo di navi che trasportavano pecore australiane, alle quali naturalmente gravitavano per la pastorizia. Qualunque sia il caso, il loro bestiame è adatto in modo unico ai diversi estremi che si trovano ovunque il bestiame e altri animali vagano. Possono gestire le temperature fredde o quelle semiaride e sopportare le tempeste e altri sistemi meteorologici che a volte devastano il Midwest americano.

Un altro nome che si potrebbe dare alla razza è California shepherd. Con la corsa all'oro alla fine del 1800, una massiccia migrazione di cacciatori di fortuna viaggiò e si stabilì sulla costa occidentale. Portarono i loro greggi di pecore e mandrie di bestiame, e per aiutarli, portarono i loro cani da pastore. In ogni modo, questi animali erano perfettamente adatti a svolgere i loro compiti di pastore in California e in altre zone di pianura.

A differenza delle loro origini, le informazioni sui pastori australiani degli anni più recenti sono molto più facili da rintracciare. In Nevada, California, Arizona, Colorado, Idaho e nel nord-ovest del Pacifico, lo sviluppo di questa razza ha iniziato a vedere le sue radici moderne. È stato intrapreso un allevamento selettivo, che può essere visto nell'ascesa dei teacup e degli Aussie in miniatura e in quei casi in cui l'istinto riproduttivo è stato enfatizzato e lavorato per rendere un animale da pastore ancora più efficace. Le linee di sangue fondamentali possono essere viste nel grafico della genealogia del pastore australiano e diversi decenni fa è stato formato l'Australian Shepherd Club. Tutto questo serve a garantire la forza continua della proliferazione di questo cane straordinario.

Ci sono pochi cani capaci, intelligenti e atletici come il pastore australiano, quindi se stai cercando un cane da lavoro o semplicemente uno per la casa, questo è l'animale perfetto per te.

Capitolo 12: Nutrizione

I cani ad alta energia con elevate esigenze alimentari sono gli Australian Shepherd. Impara come nutrire un Aussie proprio qui.

Gli Australian Shepherd, originariamente allevati come cani da pastore intelligenti e competenti, sono animali sani e di media taglia, solitamente più felici quando hanno molto tempo per correre e giocare. Nel determinare quanto nutrirli, il loro livello di esercizio e altre considerazioni, come l'età e la taglia del cane, sono importanti. Per assicurarsi che i loro animali ricevano la giusta quantità di cibo, i proprietari devono essere vigili quando si tratta delle condizioni fisiche dei loro cani.

CIBO SECCO: Il cibo secco per cani ha il vantaggio di essere veloce da conservare e facile da mangiare. Inoltre, aiuta a mantenere puliti i denti dell'Aussie spazzolando qualsiasi accumulo di placca. Molti cibi secchi per cani vengono forniti in base al peso del cane. I pastori australiani adulti di solito pesano tra le 35 e le 60 libbre, con la gamma di peso più comune per i maschi e le femmine di circa 45-55 libbre. Hanno bisogno di tre o quattro tazze di cibo secco al giorno, ovunque.

Cibo surgelato: I proprietari di Aussie che scelgono di fornire una dieta cruda e nutriente ai loro cani spesso vogliono nutrirli con una dieta congelata prodotta commercialmente. Di solito, queste diete includono una miscela di carne cruda e verdure e sono vendute come polpette, palline o crocchette cilindriche. Un pastore australiano di 50 libbre richiede tipicamente circa una libbra di cibo congelato al giorno. È necessario maneggiare correttamente il cibo crudo per cani, quindi si maneggerebbe qualsiasi carne cruda allo stesso modo. Scongelate il cibo in frigorifero, scaricate qualsiasi cibo che il vostro cane non consuma entro 30 minuti dal consumo e, dopo l'uso, lavate le mani, gli utensili, le superfici di lavoro e la ciotola del vostro cane con acqua calda e sapone per evitare che i batteri si infettino. Prima di servire al tuo cane carne cruda, consulta un veterinario.

CIBO IN SCATOLA: Per il tuo pastore australiano, il cibo in scatola dovrebbe essere usato come un pasto completo, ma i cani che mangiano solo cibi morbidi possono richiedere un'assistenza speciale per i loro denti e gengive. Prima che si creino complicazioni, biscotti per cani e giocattoli di gomma dura aiutano ad estrarre la placca; anche la pulizia dei denti del cane può aiutare. Scegli un cibo adatto alle esigenze del cane, scegliendo tra un alimento per tutti gli usi o uno fatto per cuccioli o cani anziani specifico per particolari problemi di salute. Se il tuo cane non è molto attivo, continua a somministrare circa mezza lattina al giorno per ogni 10 libbre di peso corporeo del cane. Con un limite di cinque lattine al giorno o più, i cuccioli attivi o gravidi ne usano quasi il doppio. Molti proprietari tendono a dare una sola lattina ogni giorno al loro pastore australiano, sostituendo qualsiasi crocchetta e combinando i due per produrre un pasto semi-umido.

CONSIDERAZIONI: Ci sono esigenze particolari per i cani anziani e i cuccioli rispetto al normale pastore australiano adulto. In generale, i cuccioli di Aussie richiedono più calorie dei cani adulti della stessa taglia. Cominciano a rallentare man mano che i cani maturano, ma molti pastori australiani rimangono impegnati a lungo nei loro anni anziani. Gli Aussies che non fanno molto esercizio e giocano molto non richiedono troppi zuccheri, e per mantenere un peso più sano, la loro dieta dovrebbe essere ridotta. Le donne incinte e che allattano hanno bisogno di cibo aggiuntivo, di solito in quantità crescente dal momento in cui i cuccioli iniziano a svilupparsi prima dello svezzamento durante la gravidanza.

Capitolo 13: Governare

Le persone che cercano un cane intelligente, leale ed energico dovrebbero considerare di prendere un Australian Shepherd. Conosciuto anche come Aussies, questa razza di cane sta diventando abbastanza popolare in tutto il mondo. Molte persone non hanno familiarità con le caratteristiche di questo cane. Se vuoi saperne di più sugli Australian Shepherd, ecco alcuni fatti che dovresti conoscere.

Caratteristiche fisiche

L'altezza media degli Aussies maschi di taglia standard va da 52 a 59 centimetri (da 20 a 23 pollici), mentre l'altezza media degli Aussies femmina va da 46 a 53 centimetri (da 18 a 21 pollici). Questa razza di cani pesa circa 18-29 chilogrammi, a seconda del sesso.

Il loro mantello spesso riconosce gli Australian Shepherd. Il mantello di un Aussie avrà spesso grandi macchie di colori diversi. I colori del mantello vanno dal rosso merlo, al nero, al rosso solido o al blu merlo. I loro cappotti sono di media consistenza e hanno una lunghezza moderata. Il pelo dell'Aussie può essere dritto o leggermente ondulato. Sono anche resistenti all'acqua. Gli Aussie sono una razza a doppio pelo, il che significa che hanno un sottopelo. La quantità di sottopelo dipende dal clima. Il pelo sulla testa, la parte anteriore delle zampe anteriori e la parte esterna delle orecchie sono lisci e corti. D'altra parte, il pelo sulle culatte e sulla parte posteriore delle zampe anteriori del cane è moderatamente pieno.

Il colore degli occhi di un Aussie può essere blu, marrone o ambra. Gli occhi possono anche essere di due colori diversi. Alcune persone pensano che questa variazione naturale renda un Aussie spaventoso, ma questa è una visione piuttosto ineducata, secondo me.

Caratteristiche comportamentali e tratti

Gli Aussies sono intelligenti e la maggior parte dei proprietari li trova facili da addestrare. Sono anche creature attive e non si accontentano di stare sdraiati tutto il giorno senza fare niente. Si irritano se non fanno la quantità di attività fisica richiesta ogni giorno. Questo può indurre il tuo Aussie a cercare lui stesso delle attività, che potrebbero non essere di tuo gradimento - come masticare le tue scarpe preferite. Originariamente allevati come cani da pastore, gli Aussie possono essere un po' iperprotettivi nei confronti dei loro proprietari. Questo comportamento è facilmente correggibile, ma il tuo Aussie deve socializzare con altre persone per evitare problemi comportamentali indesiderati. Gli Aussies addestrati correttamente sono ottimi cani da guardia e sono estremamente leali. Gli Aussies sono affettuosi e gentili e si comportano bene con i bambini, specialmente quelli attivi.

Sport e attività

Gli Australian Shepherd sono una razza molto intelligente e piena di risorse. Eccellono nell'addestramento all'agilità, nelle prove sul campo, nell'addestramento all'obbedienza, nel lure coursing, nel dock diving, nel tracking e in molto altro ancora.

Condizioni di vita ideali

Poiché gli Australian Shepherd sono cani attivi, è importante scegliere la taglia giusta per il tuo spazio vitale. Un Aussie standard probabilmente non è adatto a uno stile di vita da appartamento. La buona notizia è che ci sono versioni più piccole che sono più adatte a spazi abitativi più piccoli come il Miniature Aussie e il Teacup Aussie. Il posto migliore in cui vivere per un Aussie è vicino a una grande area dove possono giocare. Se vivi in città, potresti cercare un parco nelle vicinanze dove tu e il tuo Aussie potete giocare. I compagni umani più adatti dei pastori australiani sono famiglie, single, tipi all'aperto e allevatori. A causa del bisogno naturale degli Aussies per l'attività quotidiana, le patate da divano non hanno bisogno di applicare.

Problemi di salute

I pastori australiani possono vivere da dodici a quindici anni. Gli australiani danno il meglio se dotati di esercizio fisico e di cure veterinarie regolari, come farebbe qualsiasi cane. Oltre a questo, si può chiedere se l'allevatore che si sta acquistando da aveva i genitori e cuccioli testati per eventuali difetti genetici. Non abbiate paura di chiedere, perché questa è una pratica comune tra gli allevatori professionali.

Toelettatura

La toelettatura degli Australian Shepherd non è difficile, ma è necessaria una toelettatura regolare. Questo significa generalmente un bagno quando necessario e una spazzolatura regolare per controllare lo spargimento del sottopelo. Una toelettatura irregolare del pelo può portare ad un'eccessiva perdita di pelo, ad aggrovigliamenti e ad opacità.

Ci sono alcuni semplici fatti sui pastori australiani che dovresti leggere. Se stai pensando di prendere un Aussie, assicurati di potergli fornire le condizioni di vita adeguate, la toelettatura, l'addestramento e la cura di cui ha bisogno.

Dare al tuo pastore australiano il giusto esercizio

L'Australian Shepherd è un cane da pastore molto intelligente, addestrabile e super entusiasta. Se non viene esercitato correttamente, questa energia repressa in casa genererà molte disarmonie. Questa razza di cane ha bisogno di correre e ne è appassionato. Si divertono ad aggiustare le cose. L'addestramento all'obbedienza e all'agilità sono ottimi metodi per permettere loro di usare la mente in un modo che non lascerà i vostri armadi spogli o non li porterà a fuggire da cortili recintati. Come minimo, un pastore australiano dovrebbe avere 15 minuti di corsa due volte al giorno. Qualunque altra cosa oltre a questo e in casa vostra, vi troverete di fronte ad una possibile devastazione. Una passeggiata veloce è un buon inizio, ma non aspettatevi che spenda tutta quell'energia.

La cosa buona degli Australian Shepherd è che sono altamente addestrabili. Con un po' di tempo e impegno e un addestramento sistematico del cane, puoi insegnare al tuo Aussie a sfogarsi. Questo non solo fornirà un rilascio dell'energia del tuo amato animale domestico, ma manterrà anche la sua mente attiva e stimolata. Inoltre, manterrà una casa armoniosa, e il divertimento che passerete con il vostro pastore australiano creerà un legame più stretto.

Ci sono altre cose che puoi fare per dare al tuo pastore australiano una piccola spinta al suo esercizio quotidiano. I cani sono animali che godono della compagnia di altri cani che amici di famiglia. Trovare un altro compagno di giochi può aiutare a spendere un po' di quell'energia. Se hai dei bambini e addestri sia i bambini che i cani a giocare bene, possono consumarsi a vicenda. Non vuoi che il tuo Aussie mastichi i bambini, e non vuoi che i bambini tirino il pelo o diventino troppo rudi con il cane, ma il gioco estensivo con un pastore australiano dovrebbe essere incoraggiato.

Per guidare, è necessario trovare un po' di spazio. Ci può essere un cortile recintato o un parco per cani che permette di correre e giocare fuori dal guinzaglio. Questi sono i modi migliori e più sani per far correre il pastore australiano, ma buone opzioni per il fitness sono una divertente corda lunga, una zip line, giocare al tiro alla fune, fare giochi di riporto e di corsa dentro e fuori la proprietà, e anche corse fuori dal guinzaglio, in campo aperto. Tieni presente che devi insegnargli ad avere un richiamo eccezionale se lasci il tuo Aussie fuori dal guinzaglio. Vorrai assicurarti che sappiano come comportarsi al guinzaglio sia che tu vada a correre o a fare lunghe passeggiate con il tuo pastore australiano. Dato che troveranno il modo di uscirne, vorrai comunque assicurarti che l'Aussie sia sicuro. Una regola empirica di base è quella di tenerlo vicino ma lasciare un po' di spazio per far scorrere quattro delle tue dita.

Dovresti anche avere dei giocattoli per migliorare le tue capacità di risoluzione dei problemi (come una bambola di peluche per la cura, una bambola che corre da sola, ecc... sii creativo). Questo rende più facile per loro sprecare un po' di energia emotiva e forse darti un po' di riposo. Ricorda, un pastore australiano stanco è un pastore australiano felice. Prepara un'area di gioco sicura all'interno della casa, dato che dovrai interagire fisicamente con il tuo Aussie regolarmente e non vuoi che le tue cose da rompere si rompano. Assicurati di tenere il tuo cucciolo in funzione, addestrato e obbediente, e si accoccolerà volentieri con te di notte.

Inizia subito

Alcune persone non iniziano ad addestrare i loro cani finché non sono adulti, ma questo è un grosso errore. Quando il tuo cane è un cucciolo, il periodo rappresenta un'opportunità cruciale per l'addestramento, poiché i giovani cuccioli sono molto impressionabili. Durante questo periodo, è possibile impostare la linea di base per gran parte del comportamento successivo del cane. Tuttavia, bisogna fare attenzione perché i cuccioli possono essere facilmente danneggiati se l'addestramento non è appropriato o è troppo rude. Dalle 8 settimane in poi, i cuccioli possono anche imparare facilmente i comandi di base come il seduto e persino a camminare al guinzaglio. Tutto questo dovrebbe essere fatto delicatamente, senza imporre dure correzioni, ma aiuterà a garantire che il tuo cane adulto sia un sogno.

Sii coerente

Da quando arriva a casa tua, il tuo nuovo cucciolo osserverà ogni tua mossa e imparerà da te tutto il tempo, non solo quando "pensi" di allenarti. È fondamentale che tu sia coerente con i tuoi approcci in modo che il tuo cane capisca chiaramente cosa ti aspetti.

I cuccioli dovrebbero imparare immediatamente i limiti; cioè, certe aree della casa non sono permesse. Questo ti aiuterà in seguito, quando il cane sarà adulto e capirà le idee dei confini e saprà che non è il cane alfa; questo è particolarmente importante con i Pastori Australiani, che hanno la tendenza a cercare di dominare.

Addestra il tuo cane a rispondere a comandi fondamentali come "giù" e "aspetta". Seduto è facile da insegnare, poiché è una reazione naturale per i cuccioli, e la chiave è lodare il tuo Aussie non appena si siede. Ricorda di usare costantemente la stessa frase e lo stesso tono per insegnare al tuo cane i comandi. Anche i segnali con le mani sono utili.

Addestramento al vasino

L'addestramento al vasino non è difficile se si inizia subito. Strofinare il naso del tuo cucciolo nella sua sporcizia NON è, ripeto, NON è, un buon modo per addestrarlo. Ricorda che i cuccioli hanno poco controllo della vescica e hanno bisogno di andare al bagno frequentemente. La chiave è dare al tuo cucciolo delle pause regolari per fare i bisogni all'esterno e lodarlo generosamente quando fa i suoi bisogni nel posto giusto. Presto capirà che questo è quello che vuoi tu e che lui vuole solo compiacerti. Se beccate il vostro cucciolo nell'atto di fare la pipì o la cacca in casa, prendetelo immediatamente e mettetelo fuori sul prato. Questo rafforza il luogo in cui vuoi che faccia i suoi bisogni.

Dai al tuo Aussie un posto tutto suo

I cani hanno bisogno di un posto tutto loro in cui possono fuggire e sentirsi sicuri, dove non ci si aspetta che facciano altro che riposare. Questa può essere una cassa o una cuccia e deve essere resa confortevole con coperte e giocattoli. Insegna al tuo cane a passarci del tempo quando sei a casa, e poi quando non ci sei, sarà molto più sicuro.

Capitolo 14: Sanità

Poiché i nostri cani domestici non possono dirci quando qualcosa non va o quando la loro vista non funziona, è una parte importante della cura della salute del cane tenere d'occhio i loro occhi e osservare eventuali cambiamenti. Piccoli e graduali cambiamenti possono portare a problemi in seguito e possono anche portare alla cecità. La diagnosi precoce e il trattamento delle condizioni degli occhi salveranno la vista del cane in molte situazioni.

Un esempio di un problema che può causare cecità è una condizione di occhio cieco, se non trattata in tempo. Può essere trattato con gocce e unguenti, ma il trattamento è continuo per il resto della vita del cane. Un proprietario può dire se il suo cane ha un occhio secco osservando i cambiamenti nel colore degli occhi del suo animale. Sappiate che colore è normale per gli occhi del vostro animale e cercate qualsiasi cambiamento, anche se si nota solo con certe luci. Parla con il tuo veterinario il prima possibile di qualsiasi cambiamento nel colore degli occhi.

Grazie ai continui progressi che vediamo nella cura della salute dei cani, ora è possibile diagnosticare i cani come miopi e lungimiranti. I ricercatori hanno persino scoperto che alcune razze di cani sono predisposte alla miopia o alla lungimiranza. Il Rottweiler, il collie, lo schnauzer in miniatura e il barboncino giocattolo sono a maggior rischio di miopia, mentre il pastore australiano, l'Alaskan malamute e il Bouvier des Flandres sono predisposti alla miopia.

Tenere d'occhio gli occhi del tuo cane è una delle cose più semplici che puoi fare per la cura della salute del cane. Si tratta solo di assicurarsi di sapere cosa è normale per il tuo cane. Se vedi sintomi come uno scarico nell'angolo degli occhi, occhi che lacrimano, o il cane che zampetta sul viso o sugli occhi, dovresti consultare un veterinario. Potresti salvare la vista del tuo cane.

Suggerimenti sul pastore australiano per la cura e l'alimentazione del tuo animale

L'Australian Shepherd o Aussie è un cane molto impegnato che ha bisogno della sua intelligenza per essere soddisfatto con un sacco di allenamento e ostacoli. Non è un cane da interno e non se la caverà bene se deve stare in casa. Sarebbe più sicuro se avesse almeno un ampio cortile per riporre il contenuto di questo gatto. Questo è il punto in cui l'Aussie farebbe bene se vivete in una fattoria o in un ranch, specialmente se ha del bestiame da pascolare o qualche altro lavoro.

Se non ha lavori regolari per tenerlo occupato, i giochi competitivi per cani sono un modo divertente per intrattenere l'Aussie. Per questo tipo di pratica, questa razza è uno degli stili migliori.

Trovare un veterinario è una delle prime cose da fare dopo l'acquisto del tuo nuovo pastore australiano. Questo sarebbe idealmente uno che segue la medicina olistica o a base di erbe. Questo è il momento in cui farai gli scatti al tuo cucciolo, se non li ha già. Se ha già avuto questi scatti, può dirti quando sono previsti i prossimi e altri suggerimenti di cura preventiva.

Oltre a preservare il sistema immunitario equilibrato e sicuro del tuo cane, potresti voler fare in modo di tenere puliti i suoi denti. Se non fai pulire i denti del tuo cane in modo appropriato, col tempo scoprirai che il tuo cane ha un cattivo odore e malattie gengivali.

Assicurati di tenere il tuo Aussie domestico aggiornato su tutti i metodi di controllo di pulci e zecche che potresti usare. Per scoprire quali trattamenti naturali per pulci e zecche sono disponibili, consulta il tuo veterinario. Puoi anche fare cose carine con prodotti per la casa. Assicurati di controllare periodicamente il tuo animale domestico per i roditori, soprattutto se i cani hanno una vasta area in cui vagare, come un ranch.

Anche se il tuo pastore australiano è puramente un cane da esterno, assicurati che abbia un posto riparato per dormire e che dorma su qualcosa di accogliente. Un letto con trucioli di cedro o qualcosa di simile respingerà le pulci e lavare il letto settimanalmente per liberarsene meglio.

Dato che il pastore australiano ha una grande quantità di pelo, bisogna fargli il bagno regolarmente e lavarlo ogni giorno. Il cane spargerà il pelo e lo pulirà regolarmente, e se gli permettete di venire in casa, aiuterete a scoraggiare i nodi e li aiuterete a spargersi in casa vostra.

Normalmente, il tuo animale domestico Australian Shepherd è molto sano, specialmente se è un cane da lavoro e richiede un buon cibo per proteggere il suo benessere. Quando hai avuto il tempo di preparare il pasto da solo, sapere specificamente cosa è stato mangiato e come è stato cucinato sarebbe lo scenario perfetto. Il cibo più sicuro per il vostro animale è quello più naturale possibile. Quando te lo puoi permettere, dargli da mangiare carne cruda è una cosa intelligente da fare. Assicurati di avere proteine elevate e quantità inferiori di cereali se compri la carne di manzo. Dagli da mangiare alla stessa ora e nel loro piatto due volte al giorno. Dopo 20 minuti, prendi la tua tazza. Non dovete pensare che siano in sovrappeso con molti esercizi.

Se puoi vedere, avere un pastore australiano da compagnia ha bisogno di un numero e garantisce che siano ben curati. Per un gatto felice, l'esercizio e il lavoro sono potenzialmente gli ingredienti principali. Vuoi essere sicuro di nutrire il cane con il cibo giusto per rendere il più facile possibile prendersi cura del tuo cane. Entrambe queste cose aiuterebbero a garantire che tu abbia un gatto sicuro e ben adattato.

Gli Aussies in miniatura stanno diventando popolari in questi giorni. Questa razza di cane proviene dalla linea standard del pastore australiano. Anche se alcune persone pensano che i Mini Aussies siano incrociati - questo non è vero. Il Miniature Aussie è intenzionalmente allevato a misura accoppiando i cani più piccoli di ogni cucciolata fino a raggiungere la taglia desiderata. Se stai pensando di avere questo cane di razza, cercare allevatori di pastori australiani in miniatura nella tua regione è la tua prima mossa. Un buon allevatore vi assicurerà che otterrete solo mini-aussie sane tra cui scegliere.

Quando cerchi un buon allevatore, una delle prime domande che dovresti fare è sulla linea di sangue di ogni particolare cucciolata a cui sei interessato. Questo è molto importante e l'allevatore dovrebbe essere disposto a documentare la qualità della linea di sangue per te. Questo ti assicurerà di ottenere un mini-Aussie sano con una struttura ossea fine e geni sani. Sarebbe meglio se chiedessi in particolare per i problemi ereditari comuni nei mini-Aussie. Questo include problemi agli occhi, alle orecchie e alle anche.

Inoltre, un allevatore di qualità sarà consapevole della struttura genetica della razza. Per quanto riguarda queste questioni, l'allevatore dovrebbe essere in grado di rispondere alla tua domanda. È anche importante che l'allevatore possa fornirti dei test genetici per verificare eventuali anomalie genetiche. Un buon allevatore di mini-Aussie farà testare i suoi cani e dovrebbe essere disposto a condividere i risultati con te.

Sarebbe meglio cercare allevatori di pastori australiani in miniatura che possano fornirti la prova delle vaccinazioni e delle regolari cure veterinarie.

Gli allevatori di pastori australiani in miniatura rispettabili permettono anche visite personali da parte dei potenziali acquirenti. I grandi allevatori incoraggiano le visite personali prima dell'acquisto. Questo è molto importante, specialmente se stai comprando da un venditore online. In questo modo, puoi assicurarti che l'annuncio online sia reale. Evita di comprare mini-Aussie da allevatori online che insistono a spedire il cucciolo senza chiederti di incontrarlo.

Quando visiti l'allevatore, osserva l'ambiente in cui vivono i cuccioli. Le strutture dovrebbero apparire pulite e in buone condizioni. Dovrebbe essere ovvio che i pasticci vengono puliti prontamente. Un buon allevatore dovrebbe essere in grado di fornire il territorio e le esigenze di attività dei cuccioli. Per i mini-aussie, un buon allevatore dovrebbe fornire ai cuccioli un ambiente spazioso, dato che i pastori australiani hanno bisogno di rimanere attivi durante il giorno. Assicurati che i bisogni psicologici e fisiologici dei cani siano soddisfatti. Assicurati che l'allevatore di Aussie abbia abbastanza spazio per far socializzare e giocare l'Aussie. Un buon allevatore dovrebbe anche offrire assistenza per l'addestramento e la cura del cucciolo di mini-Aussie.

Sarebbe meglio se cercassi anche un allevatore appassionato della razza. Un tale allevatore sarà spesso attivo in diversi club di pastori australiani in miniatura. Gli allevatori rispettabili spesso inseriscono i loro mini-Aussie in prove di obbedienza, prove di agilità e altre competizioni. Un allevatore che partecipa a queste attività è sicuro della salute e delle prestazioni del suo cane.

L'allevatore potrebbe anche avere qualche domanda per te quando hai finito con tutte queste domande. Questa è un'indicazione positiva. Un allevatore di successo farebbe in modo che i suoi cuccioli siano ben collocati in case con le cure e le operazioni appropriate che ci si aspetta da un Aussie.

CPSIA information can be obtained
at www.ICGtesting.com
Printed in the USA
BVHW050242120321
602276BV00012B/1087